Weshalb die Herren Seesterne tragen

Anna Weidenholzer

WESHALB DIE HERREN SEESTERNE TRAGEN

Roman

Matthes & Seitz Berlin

Vierhundertneunundsechzig Kilometer

Und alle Fenster finster und hier draußen ich. Bei Hirsch brennt kein Licht, die Wirtin ist ohnehin nicht zu Hause. Karl sieht hoch zu seinem Zimmer, das Fenster ist gekippt, man bemerkt es kaum. Auf Wiedersehen, flüstert er, und die Lichter des Autos blinken, als er auf den Schlüssel drückt. Auf Wiedersehen, Hotel Post, es war sehr schön mit dir.

Bis zur Autobahn wird es eine Stunde sein, Karl fährt vorbei am Altstoffsammelzentrum, am Gasthaus Rust, dem Supermarkt, an der Tankstelle, die keine mehr ist und die jetzt Imbiss heißt, er sieht sie sitzen, sie bemerken ihn nicht. Er beschleunigt und lässt das Ortsgebiet hinter sich. Achtzig Stundenkilometer sind genug, Karl bremst ab, es ist Wildwechselzeit. An der ersten Raststation, bei den Lastkraftfahrern werde ich schlafen, im Autobahnhotel, sie haben bestimmt ein Zimmer frei. Ich werde morgen zeitig aufbrechen, ich werde Blumen kaufen. Eine Orchidee, Margit kann nicht gut mit Zimmerpflanzen. Und niemals Schnittblumen, auch wenn sie sich freuen würde, aber ich weiß, was nach ein paar Tagen kommt: Karl, würde sie sagen, es riecht wie in einer Aufbahrungshalle, schaff die Blumen weg. Ich wechsle das Wasser, würde ich sagen, es ist nur das Wasser, die Blumen können nichts dafür, siehst du, sie welken noch nicht, nicht eine einzige Blüte, die hängt. Ich würde das Wasser ins Waschbecken leeren und durch frisches ersetzen, lauwarmes, bei kaltem erschrecken sie. Vielleicht wären sie ein wenig müder als am ersten Tag, aber manche würden gerade erst jetzt ihre Knospen öffnen, worauf ich Margit allerdings nicht hinweisen würde. Am besten, man vermeidet es, in solch einer Situation über die Blumen zu sprechen, es würde die Aufmerksamkeit nur in die falsche Richtung lenken. Andererseits, mit Schnittblumen im Haus käme es so oder so zu einem Konflikt. Friedhofsgeruch, würde sie jedes Mal sagen, wenn sie an dem Strauß vorbeigeht, wie hältst du das nur aus? Ich rieche nichts. Es ist unmöglich, diesen Geruch nicht wahrzunehmen, Karl, ich mache mir Sorgen, deine Nebenhöhlen, ständig sind sie entzündet, und jetzt riechst du auch die Blumen nicht.

Trotz Sperrlinie überholen. Karl schüttelt den Kopf und betätigt die Lichthupe, er fährt noch eine Weile mit Fernlicht, dann blendet er ab. Ich möchte ihr eine Freude bereiten, ich möchte meine Margit glücklich machen. Ich werde ihr eine Orchidee mitbringen, ohne Übertopf, wir haben noch genug im Keller, von den Vorgängerpflanzen, die ihre Pflege nicht überlebten. Zu viel Wasser ist nicht gut, ich sage es immer wieder, wieder und wieder. Sie meint es gut mit ihnen. Eine Orchidee ist anspruchslos, am Sonntag für ein paar Minuten ein Wasserbad, nicht zu kalt, nicht zu warm. Was früher der Kaktus war, ist heute die Orchidee. Karl, verlier dich nicht, würde Margit jetzt sagen. Ich werde sie in die Arme nehmen, ich werde flüstern: Margit, mein Mädchen, ich bin zurück. Schön, wird sie sagen, vielleicht auch: Ich habe mich auf dich gefreut. Ich werde nach Hause kommen, mit einer Orchidee unter dem Arm, einer weißen, eingeschlagen in buntes Papier von Blumen Haberkuk. Wie sagte Margit? Fürchte dich nicht, wie du an eine Sache herangehst, so tritt sie ein.

Was Margit sagte: An Regentagen mag ich das Spazierengehen nicht und dir klebt Blaukraut am Bart. Sie sagte: Karl, du bist verschwunden, ohne Bescheid zu geben. Ich rufe doch an. Du bist einfach weg gewesen. Ich werde bald wieder bei dir sein, wie bitte, Margit, der Empfang ist schlecht, es muss an den Bergen liegen, sie halten die Strahlen ab. Karl stand in seinem Zimmer vor dem Heizkörper, er legte die Hände darauf und klemmte das Telefon zwischen Schulter und Kopf. Draußen ging eine Frau vorbei, sie winkte, als ein Auto vorüberfuhr. Karl zog die Hände zurück und wischte über die Fensterbank. Ja, das mache, ja, das werde ich, ich weiß, dass du dir in solch einer Situation Sorgen machst. Margit war nicht mehr zu hören, er ließ das Telefon noch eine Weile eingeklemmt.

Eine Sperrlinie ist eine Sperrlinie, flucht Karl und bremst ab, als ihn ein weiteres Auto überholt. Rechts von ihm fließt ein Fluss die Straße entlang. Ich werde sicher nach Hause kommen, bald wird die Autobahn ausgeschildert sein, bald werde ich auf der Raststation, morgen wird mein Aufbruch eine Ankunft sein. Hör, wie der Regen fällt. Margit, werde ich sagen, weißt du, wir sind dieses Jahr noch kein einziges Mal über Schnee gegangen, und ich dachte bei meiner Abreise schon, dass der Winter kommt.

Kennwort O1

Regen und Sturm, es wird ein früher Winter werden. Karl lässt den Zettel auf dem Wohnzimmertisch liegen, den Satz hat er mit schwarzem Filzstift umrandet, er geht hinüber in die Küche und trinkt ein Glas Wasser. So, flüstert er, und deshalb. Er sieht aus dem Fenster, in der Garageneinfahrt des Nachbarhauses steht ein ausgehöhlter Kürbis auf der Mülltonne. Karl, das kannst du nicht schon wieder machen, weißt du noch, als das Hochwasser war, als du aufgebrochen bist, um zu helfen. Du warst schnell wieder zurück.

Karl schüttelt den Kopf. Ich werde Margit einen Brief hinterlassen, ich werde ihr sagen, dass es keinen Aufschub geben soll. *Meine liebe Margit,* schreibt er und zerknüllt den Zettel, weil er ihren Namen nicht so geschrieben hat, wie er aussehen sollte. Nein, kein Brief. Ich werde sie anrufen, wenn sie von der Arbeit nach Hause kommt. Ich werde sagen: *Wer eine gesellschaftliche Situation verstehen will, muss die Erfahrungen der Menschen zum Sprechen bringen.* Margit, mein Mädchen, es war so weit, ich musste weg von hier.

Test, spricht Karl, das Diktiergerät leuchtet rot: *Eins, zwei, eins.* Auf seinem Schoß liegt der Autoatlas, er lässt den Finger auf dem Register, das er aufgeschlagen hat, und überlegt, ob er von dem Ort schon jemals etwas gehört hat. Draußen kommt Zobl zur Garageneinfahrt, sie starrt abwechselnd auf ein Blumenbeet und den Kürbis und hält eine Zigarette in der Hand. Karl drückt die Wiedergabetaste. *Test, eins, zwei, eins*, hört er sich sagen. Danach legt er seinen Finger auf die Aufnahmetaste: *Aufbruch heute, zwanzigster Oktober, elf Uhr zehn. Der Ort wurde durch Zufallsprinzip ermittelt, Kennwort. Kennwort,* wiederholt Karl und unterbricht. Er hat zuvor über die Verschlüsselung von Namen nachgedacht, wie wichtig es sei, vollkommen unvoreingenommen an einem unbekannten Ort zu beginnen. Zobl drückt die Zigarette auf dem Boden aus und hebt sie auf, um sie in die Mülltonne zu werfen, sie nimmt den Kürbis dazu herunter. Eine ordentliche Frau, denkt Karl. *Kennwort O1,* sagt er und hält das Gerät dicht vor sein Gesicht. Margit wird sich wundern,

Margit wird nicht gedacht haben, dass ich so sorgfältig vorgehe. Karl Hellmann, das hätte ich dir nicht zugetraut. Ich werde sie später anrufen, ich werde sagen: Alles drehte, alles bewegte sich, ich war sehr aufgeregt.

Wenn ich wir sage

Hätten Sie ein Zimmer frei?, fragt Karl im Hotel Post, die Gaststube ist leer. Die Gäste werden wohl erst abends kommen, überlegt er und streichelt den Hund, der hinter der Bar hervorgekommen ist. Ein unfassbar dicker Hund, denkt er, er sagt: Schön ist der.

Die, antwortet die Wirtin, das ist unsere Annemarie. Warum Annemarie? Eine Gästin hat sie hiergelassen, sie hieß Annemarie, also haben wir den Hund nach ihr benannt. Wie man einen Hund vergessen kann, möchte Karl fragen, aber die Wirtin ist schneller: Wie lange bleiben Sie? Ich weiß es nicht, zwei Wochen bestimmt, vielleicht auch drei.

Zwei Wochen?, die Wirtin sieht ihn lange an. Zu lange, denkt Karl, das ist ein unangemessener Blick. Wie kann man, beginnt er, aber die Wirtin kommt ihm wieder zuvor: Wenn Sie möchten, Sie können gern so lange bleiben, vielleicht wird es besser als voriges Jahr, vielleicht schneit es bald. Dass er das nicht hoffe, sagt Karl, und die Wirtin runzelt die Stirn. Möchten Sie das Zimmer sehen, es ist gleich im ersten Stock.

Das ist eine schnelle Frau, denkt Karl und nickt.

Solche Fliesen hatten wir in unserer alten Wohnung auch, sagt er, als er hinter der Wirtin in den Vorraum tritt: Wenn ich wir sage, meine ich meine Frau Margit und mich. Die

Wirtin schaut auf den Boden, sie fragt nicht, wo Margit ist: Die Fliesen hat mein Vater verlegt, sie halten länger als ein Leben, das ist ein Boden für die Ewigkeit. Karl möchte auf eine besonders schön gemusterte Fliese hinweisen, aber da hat die Wirtin bereits nach der Türklinke gegriffen. Zimmer Nummer drei, das wäre Ihres.

Dass kein Zimmer im Hotel Post bewohnt war, dass die Wirtin wegen ihm einheizen musste und ihm in der Hoffnung, er möge es sich anders überlegen, das schlechteste Zimmer zeigte, davon weiß Karl zu diesem Zeitpunkt nichts. Ein Bett, ein Schrank, ein Bad, alles da, sagt er, als sie im kalten Zimmer stehen und die Wirtin die Vorhänge aufzieht, um besser an die Heizung dahinter zu kommen. Karl bedankt sich und stellt die Tasche ab.

Zur Reinigung, sagt die Wirtin, das erledige ich, wenn Sie dieses Schild an die Tür hängen, mit der Aufschrift nach vorn, so. Sie brauchen nicht zu putzen, antwortet Karl, ich mache das gern. Die Wirtin sieht ihn wieder ein bisschen zu lange an: Dann geben Sie Bescheid, wenn Sie den Staubsauger benötigen, einen Putzfetzen lasse ich hier, den Fernseher finden Sie im Schrank. Das ist gut zu wissen, daran hätte ich nicht gedacht.

Karl folgt der Wirtin zurück in die Gaststube, wo Annemarie in der Ecke liegt und kurz den Kopf hebt. Hier ist Ihr Schlüssel, sagt die Wirtin, bringen Sie das ausgefüllte Gästeblatt zum Frühstück mit, Frühstück ist von acht bis zehn. Wenn keine anderen Gäste hier sind, lassen Sie mich am Vortag wissen, wann Sie aufstehen, damit ich das Frühstück rechtzeitig bereiten kann.

Ob sie auch hier wohnt, möchte Karl fragen, aber die

Wirtin wendet sich dem Telefon zu, das in diesem Moment läutet. Was rechtzeitig bedeutet, möchte er fragen, und ob er auch ein Abendessen bekommt. Karl lächelt und winkt, als er den Raum verlässt, entschlossen, morgen zu fragen.

Wieder auf dem Zimmer geht er vom Vorraum in den Hauptraum, ins Bad und zurück, er hört Margit sagen: Hier ist wenig Platz. Braune Fliesen und blaue Handtücher, denkt er, als er die Handtücher ins Bad trägt, wenn ich ihr davon erzähle, wird sie lachen. Er hebt den Koffer auf die Ablage, die Wand dahinter ist schmutzig.

Karl schaltet den Fernseher ein, das Bild kommt mit einem Surren, auf dem ersten Programm ist eine Kochsendung zu sehen. *Und ich habe gehört, du hast das Originalrezept, und das hätte ich gern. Ja, das habe ich, das habe ich schon vorbereitet.* Vorsichtig öffnet er den Schrank, er legt seine Kleidung hinein. Die Dinge, die er im Bad benötigen wird, trägt er hinüber, die Zahnbürste steckt er in das dafür vorgesehene Glas, seinen Pyjama legt er unter das Kopfkissen, den Koffer verstaut er ganz unten im Schrank. Wichtig ist, dass man sich auch an neuen Orten schnell einrichtet. Karl hat seine liebste Schlafkleidung mitgebracht, ein altes Nachthemd von Margit mit einem gähnenden Löwen darauf. Es ist groß geschnitten und Karl mag die Beinfreiheit beim Schlafen. Das sagte er auch, als Margit ihn zum ersten Mal darin sah und mit einem müden Blick fragte: Karl, was machst du da?

Wir müssen neue Wege finden

Wir müssen neue Wege finden, werde ich sagen, und es liegt an uns, damit zu beginnen, Margit, mein Mädchen, ich wollte dir schreiben, ich wollte schreiben: Ich musste weg von hier. Ich werde weitersprechen, ich werde nicht aufhören damit, ich werde sagen: Es soll keinen Aufschub geben, der Zeitpunkt ist gut gewählt. Ich dachte nicht, dass du das machen wirst, wird sie vielleicht antworten, oder: Karl, komm sofort zurück, ich kenne dich, das ist eine fatale Kombination aus Langeweile und Ungeduld.

Ich werde sagen: Wer unsere Gesellschaft verstehen will, muss Fragen stellen, das größtmögliche Glück für die größtmögliche Zahl an Menschen, du weißt. Aber wie willst du das machen, wird sie vielleicht antworten und dabei die Arme verschränken, was ich nicht sehen würde. Die Fragen sind aus Bhutan, Karl. Der Fragebogen zum bhutanischen Bruttonationalglück schafft einen guten Überblick, werde ich sagen, es werden alle gesellschaftlichen Bereiche ausreichend abgedeckt. Vielleicht wird sie daraufhin laut ausatmen: Du hast den Gedanken nicht zu Ende gedacht. Doch, Margit, ich werde zehn Leute an zehn Orten befragen, ich werde herausfinden, woher diese Unzufriedenheit kommt, diese Angst, die manche in die falsche Richtung treibt. Was ist richtig und was ist falsch, das wird Margit nicht fragen, sie weiß, was das heißt. Warum so plötzlich, Karl?, wird sie vielleicht fragen. Nun, werde ich antworten, ich wusste nicht, was ich mit meinem Vormittag machen soll, wohin mit der vielen Zeit. Ich war im Möbelhaus, ich fürchtete mich vor den Gesichtern dort und noch viel mehr vor den Plakaten auf dem Weg dorthin. Margit, ich habe Angst vor dem, was kommt.

Karl hustet, ehe er die Nummer wählt. Hallo, Margit, mein Mädchen, endlich erreichen wir uns. Du hast sieben Mal angerufen, ich weiß, aber ich bin erst jetzt angekommen, und während ich fahre, telefoniere ich nicht. Ja, ich habe den Satz kopiert und ausgeschnitten, ja, du hast ihn gelesen, und hast dir schon gedacht. Ja, ich weiß, ja, das ist, aber wir hatten in nächster Zeit ohnehin nichts geplant. Ja, tatsächlich, dieses Vorhaben, von dem ich vor drei Tagen, Margit? Ja. Ich weiß. Aber mir genügt es nicht, einen Kurs zu besuchen, das hat nichts mit der Pensionierung zu tun. Margit? Ja, es hätte besser kommuniziert werden müssen. Ich weiß, du bist kein Mädchen mehr. Nein, das bin ich nicht, das könnte das größte – ja. Ja, ich weiß. Ja, die Kommunikation ist die Basis einer Beziehung, so wie die Wurzeln beim Baum, kappt man sie, fällt er um. Das weiß ich doch alles, Margit, aber die Liebe ist auch wie der Giersch im Blumenbeet, den bekommst du nicht einfach so weg, indem du ihn ausreißt. Es tut mir leid. Ja, ich habe gesagt, dass es mir leidtut, ich werde in Zukunft nicht mehr ohne Vorankündigung abreisen. Es wird anders werden, du wirst sehen, und ich werde bald wieder bei dir sein. Wie bitte? Einerlei, sagst du? Du musst schlafen, ach so, ich rufe dich morgen an. Ja, das mache, ja, das werde ich. Ich weiß, du machst dir Sorgen.

Ein Kapitän

An der Tür ist ein Zettel angebracht, Karl liest ihn ausführlich, bevor er sich entscheidet, einzutreten. *Unsere Schlachttiere vom 21. Oktober: 1 Stück Kalbin vom Landwirt Strutz Anna, 1 Stück Kalbin vom Landwirt Beyerl Johanna, 1 Stück Kalbin vom Landwirt Mühleder Alfred, 1 Stück Stier vom Land-*

wirt Hochreiter Alfred, 1 Stück Kalb vom Landwirt Schnepf Josef, 2 Stück Kälber vom Landwirt Reinter Hermann.

Karl versucht, sich alle Namen einzuprägen, aber er weiß, er wird sie vergessen haben, sobald die Tür hinter ihm zufällt. Eine Möglichkeit Namen zu behalten sei, sie sofort laut zu wiederholen, hörte er vor einigen Tagen, noch zu Hause, im Fernsehen: *Guten Tag, Frau Polzer, es freut mich, Sie kennenzulernen. Herr Wolf, sind Sie auch zum ersten Mal hier?* Zu Hause, denkt Karl, er schüttelt den Kopf, ich darf mir ohnehin keine Namen merken.

Der Verkaufsraum ist kleiner als gedacht, im Nebenraum brennt kein Licht, aber mehrere Gäste sitzen dort an den Tischen und essen Wurstsemmeln. So werde ich es auch machen, denkt Karl und stellt sich an. Die Schweine kommen aus dem Nachbarort, hört er den Verkäufer sagen, er trägt einen orangen Pullover, über den er eine weiße Schürze gebunden hat. Der Verkäufer ist ein großer Mann, er überblickt leicht die Vitrine, die auf Schulterhöhe der Frau beginnt, er sagt: Bis vor Kurzem kamen sie im Ganzen, da wurden sie hier geschlachtet, aber wir möchten ihnen die Aufregung ersparen, jetzt bekommen wir sie in Hälften geliefert. Das ist gut, sagt die Kundin, und liest die weitere Bestellung von ihrem Einkaufszettel ab. Ich lege noch einen Kalender dazu, sagt der Verkäufer, als er das Fleisch über die Vitrine hebt, Achtung, es ist schwer. Möchten Sie noch etwas Süßes, ich kann keinen Tag beenden, ohne etwas Süßes gegessen zu haben, wir haben Kekse und Schokolade. Nein, danke.

Für hier oder zu Hause?, fragt der Mann, als er Karls Wurstsemmel zubereitet. Hier, sagt Karl und erst jetzt bemerkt er den Schriftzug auf der Schürze des Verkäufers. *Kapitän* steht dort anstelle eines Namens, die Schrift ist blau.

Ich mag Boote, sagt er, nachdem Karl eine Weile auf die Stelle gestarrt hat, ich mag sie sehr, aber uns fehlt dazu ein großer Fluss, ein See oder ein Meer, der Badeteich ist zu klein. Wie bitte? Ein Getränk dazu, etwas Süßes? Danke, ich bin nur hungrig. Karl überlegt kurz, ob er fragen soll, bevor er sich in das Nebenzimmer setzt, aber er vermutet, es wird auch ohne zu fragen in Ordnung sein.

Die Gäste grüßen, als Karl den Raum betritt, er entscheidet sich für einen Tisch nahe dem Fenster und breitet die Serviette aus, so wie es die anderen getan haben. Falte mir Himmel, hört er Helmut sagen, und falte mir Hölle. Karl beißt in die Semmel. Die Männer am Nebentisch haben bereits fertig gegessen, sie sprechen laut und schnell und Karl hat Mühe, sie zu verstehen. Ich muss nach Hause, ich habe sie auf den Balkon gestellt. Da ist es höchste Zeit, nach Hause zu gehen, sagt ein anderer, es ist doch kalt. Der Mann, der vom Balkon gesprochen hat, greift nach seiner Jacke, er grüßt die anderen mit einem Handzeichen, das Karl unbekannt ist. Die Männer warten, bis er zur Tür hinaus ist, sie heben die Hände, als er am Fenster vorbeigeht, auch Karl bewegt den Kopf zum Gruß. Das ist das zweite Mal in dieser Woche, dass er sie am Balkon vergisst, sagt einer, das ist schon. Es wäre besser, ja. Sicher wäre es besser für sie. Kommt sie denn nicht. Wie denn, sie kann doch nicht gehen. Das ist schon. Ja, das ist.

Dreihundertvierundsiebzig Kilometer

Der See wird erst morgen zu sehen sein, die Reifen quietschen, als Karl in die Kurve geht. Im Sommer war er mit Margit hier gewesen, sie tranken auf der Terrasse Kaffee. Margit ließ Süßstoff in die Tasse fallen, sie blickte auf das Wasser und sagte: Schade, dass die Autobahn hier gebaut wurde, aber schön ist es schon. An den Nebentischen erhoben sich die Mitglieder einer Reisegruppe, ein Sessel kippte um, eine Frau fluchte, Margit fixierte den See und Karl die Leute. Helmut war auch eine Weile lang Bus gefahren, aber er mochte die Fahrgäste nicht, und er mochte das Putzen nicht. Irgendjemand isst immer ein Brot, wenn man selbst schon hungrig ist, irgendjemand steigt mit schmutzigen Schuhen ein, irgendjemand benutzt während der Fahrt die Bordtoilette. Die einzigen Fahrgäste, die Helmut schätzte, waren die Mitglieder der Pensionistenvereine, weil sie ihm Trinkgeld zusteckten und manchmal auch Kekse. Das Unangenehme an ihnen sei allerdings, dass sie so empfindlich reagieren, wenn man wegen des Verkehrs etwas unruhiger fahren muss, erklärte Helmut. Unangenehm sei es auch gewesen, als ein Fahrgast beim jährlichen Ausflug nach Italien verstarb. Seine Ehefrau bemerkte es erst, als sie nach einer Pause auf der Raststation wieder neben ihm Platz nahm und er auf ihr Proviantangebot nicht reagierte. Wie lange hat er nicht mehr gesprochen, Hedwig, das muss dir doch aufgefallen sein. Manchmal sprechen wir eine Weile nicht.

Helmut war es lieber, Güter zu transportieren. In seiner

Fahrerkabine, neben den Bildern der Personenkraftwagen, hing aber auch das Bild eines Busses. Schwarz war er, mit Radkappen aus Edelstahl. Warum?, fragte Karl, als er das Foto zum ersten Mal sah. Siehst du nicht, wie schön er ist? Karl nickte, er dachte an Margit und ihre Bäume und dass ihr Sohn ihr in gewissen Dingen doch sehr ähnlich ist.

Der Parkplatz ist leer, nur drei Fahrzeuge parken im gelben Straßenlaternenlicht. Karl vergewissert sich zwei Mal, ob das Auto tatsächlich abgesperrt ist, die Reisetasche hat er über die Schulter gehängt. Eine Frau kommt aus dem Hotel, sie trägt die Uniform der Autobahnraststation und läuft hinüber in Richtung Tankstelle, ohne Jacke, aber mit einer Mappe unter dem Arm. Karl überlegt, ob er tatsächlich eintreten soll, aber die Schiebetür hat sich bereits geöffnet, er geht hinein. Es riecht nach Chemie und hinter der Rezeption ist ein Rumpeln zu hören, kurz darauf steht ein junger Mann vor ihm, er hat eine Schleife um den Hals gebunden. Sie möchten ein Zimmer, sagt er, noch bevor Karl ihn grüßt. Karl nickt, eine Person, fügt er hinzu. Es gibt nur eine Möglichkeit –, der Rezeptionist schiebt ihm eine laminierte Preisliste zu. Dass das sehr teuer sei, sagt Karl, nachdem er die Zeile gelesen hat, unter die der Mann seinen Finger hält. Sie übernachten hier an der Autobahn. Ich weiß. Wie möchten Sie bezahlen?, der Rezeptionist lässt die Preisliste wieder verschwinden. Mit Karte, antwortet Karl, ist das möglich? Warum nicht, aber mit Karte, möchten Sie das wirklich? Karl nickt, der Rezeptionist legt ihm ein Gästeblatt hin. Wie Sie meinen, und hier bitte nur Name, Adresse und Unterschrift, den Rest mache ich.

Wollen Sie keinen Ausweis sehen?, möchte Karl fragen, aber er füllt still den Zettel aus, *Karl Hellmann, Jupiterweg 7*, und schaut danach auf den Obstkorb in der linken Ecke der Rezeption. *Nehmen Sie einen Apfel*, ist auf der Tafel darunter zu lesen, ganz oben liegt ein angeschlagener Apfel. Der Rezeptionist ist nicht mehr zu sehen, er hat sich geduckt, um die Musik leiser zu stellen, heisere Männer, die zu Gitarre, Bass und Schlagzeug schreien.

Ich dachte, Sie möchten mit Karte zahlen, sagt er nach einer Weile und lächelt, Karl bemerkt, dass er auf der falschen Seite der Rezeption wartet. Entschuldigen Sie, ich bin müde. Das sind viele, die hierher kommen, bitte, er dreht das Gerät zu Karl hin. Frühstück ist bis elf, Sie müssen nur hier durch den Verbindungsgang, Sie können im Restaurant bezahlen. Karl blickt dem Zeigefinger des Rezeptionisten nach, er denkt daran, dass ihn Verbindungsgänge dieser Art an den Übergang zwischen Leben und Tod erinnern und er hofft, sollte es tatsächlich einen geben, dass der seine schöner wäre. Kein Teppichboden, Fliesen, die so glatt sind, dass man darüber rutschen kann, mehr Licht, helles Licht von der Seite, wie am Flughafen, alles hell und freundlich und sauber und neu.

Der Rezeptionist starrt abwechselnd auf das Gerät und einen Drucker, seine Hautfarbe ist fahl und das Lächeln, Karl weiß nicht, wie er dieses ständige Lächeln einordnen soll, das nicht zu den Augen passt. Er denkt daran, dass das Frühstück bei solchen Preisen inbegriffen sein sollte, dass – Bingo, unterbricht ihn der Rezeptionist, als die Rechnung aus dem Drucker kommt. Er reicht Karl den Zimmerschlüssel, zweiter Stock, der Aufzug ist gleich hinter Ihnen. Zweihundertdrei, liest Karl, der Schlüsselanhänger ist aus Plastik und lang.

Morgen wird alles anders wirken, denkt er, als sich der Aufzug ruckartig in Bewegung setzt, morgen wird alles freundlich sein. Vierzig Jahre, flüstert er, als er das Baujahr des Aufzugs liest, in diesem Jahr war er mit Susanne in das Haus gezogen. Nein, jetzt nicht Susanne. Karl versucht sich zu erinnern, wie die Aussicht auf den See gewesen war, als er mit Margit auf der Terrasse saß, waren da Berge gewesen, oder nur Hügel? Er sieht ein hellblaues Motorboot, das langsam vorüberfährt, er sieht den Fleischhauer, wie er lächelt, er steuert das Boot mit der einen Hand, in der anderen hält er eine Grillzange und winkt. Herr Hellmann, wir haben Wasser bekommen, endlich ein Boot. Karl geht den Gang entlang, wo es immer noch riecht wie im Erdgeschoss, er schüttelt den Kopf. Die Wirtin begleitete ihn bis zum Zimmer, sie zeigte ihm, wo es ist. Herr Hellmann, ich freue mich auf den Lichtbildervortrag. Karl schließt die Zimmertür auf, sie klemmt, er muss sie zu sich heranziehen, erst dann lässt sie sich aufsperren. Die Wirtin öffnete am ersten Tag die Tür für ihn, sie sagte: Besser, ich mache das.

Steine wärmen schlecht

Karl sitzt im Nachthemd auf der Bettkante und hält den Stein in der Hand, den er am Nachmittag gefunden hat, er ist flach und schön gemustert, er passt genau zwischen die Handflächen, die Jacke hat Karl wieder angezogen. Am Vormittag hatte ihn die Wirtin gebeten, die Heizkörper abzudrehen, wenn er das Zimmer verlässt: Bei Kurzzeitgästen spielt das keine Rolle, aber wenn jemand für so lange Zeit bleibt, ist es wichtig, die Person gleich darauf hinzuweisen, Energie zu sparen. Haben Sie einmal darüber nachgedacht, wie viele Räume geheizt werden, obwohl keine Menschen in ihnen sind? Vollkommen überheizt, und dann kommen sie nach Hause und möchten nur noch ins Bett und es ist zu heiß in ihren Zimmern und sie können nicht schlafen und deshalb frieren sie am nächsten Tag und deshalb heizen sie ihre Zimmer, weil sie denken, sie werden krank und dann wird es ihnen zu heiß und dann können sie nicht schlafen und heizen am nächsten Tag noch mehr, weil sie müde sind. Daran wird die Welt zugrunde gehen, sagte die Wirtin, irgendwann kommt der letzte Tag und dann ist es vorbei, dann gibt es keine Heizung mehr und wer nicht rechtzeitig vorgesorgt und Holz eingelagert hat, wird erfrieren und später auch alle anderen. Uns wird das nicht mehr betreffen, nein, aber man trägt doch auch Verantwortung für die Generation, die nach einem kommt. Haben Sie Kinder? Karl nickte: Einen Sohn, Helmut, aber. Also, unterbrach sie ihn, wenn Sie das Haus verlassen, drehen Sie bitte die Heizkörper ab oder zumindest auf Stufe eins, der Klimawandel, denken Sie daran, es liegt an uns, die Welt zu retten.

Die Wirtin hielt einen blauen Putzfetzen in der Hand, sie wischte damit das Geländer ab, das mit einer dunklen Plastikschicht überzogen war. Gerne, sagte Karl und ging zurück auf sein Zimmer. Als er danach wieder an ihr vorbeikam, fühlte er sich schuldig, dass er ihr so viel Arbeit bereitet, er, der Einzige, der zur Zeit diese Treppe und dieses Geländer benutzt. Auf Wiedersehen, sagte er im Vorübergehen, auf Wiedersehen, antwortete sie und wandte ihm den Rücken zu.

Der Stein wird nur langsam wärmer, die Kälte des Tages hält sich in ihm. Karl zieht die Jacke trotzdem aus, er legt sie auf den Schreibtisch und greift auf den Heizkörper, nichts, kalt. Bitte, möchte Karl zur Wirtin sagen, schalten Sie die Heizung ein, oder kochen Sie den Stein, damit er mich wärmen kann. Aber die Wirtin wird bestimmt nicht mehr in der Gaststube sein. Außerdem hält sie nichts von Wärme, das weiß Karl schon. An dieser Wärme geht die Welt zugrunde, sagte sie, als sie mit dem Putzfetzen in der einen Hand auf der Treppe stand, mit der anderen Hand umklammerte sie das Geländer.

Karl überlegt, ob das von der Angst kam, abzustürzen, er kennt sie gut, an schlechten Tagen hat er sie selbst im Sitzen. Er legt sich hin, zieht die Bettdecke bis über die Nase und schaut auf das Bild an der gegenüberliegenden Wand. Ein gerader Bach ist darauf gemalt, links und rechts davon Wiesen, darüber ein blauer Himmel. Warum, überlegt Karl und drückt auf die grüne Taste, als er bei Margits Namen am Bildschirm angekommen ist. Sie hebt nicht ab. Er versucht es am Festnetz und dann noch einmal am Mobiltelefon, um die Dringlichkeit seines Anrufs zu signalisieren, wieder nichts. Der Stein in seiner Hand ist wärmer geworden, Karl hebt den Arm und deutet an, den Stein gegen die Wand zu werfen, er stellt sich vor, wie er das Bild treffen würde. Vielleicht würden Spuren an der Wand zurückbleiben und an seinen Aufenthalt im Hotel Post erinnern. Und dann sieht Karl die Wirtin, er sieht sie schimpfen, während sie ihm das Frühstück auf den Tisch stellt. Er beschließt, sie morgen zu fragen, ob sie seine Fragen beantworten möchte. Er beschließt, Margit keine Nachricht zu hinterlassen, ihr nicht von den Heizkörpern und der Wirtin zu erzählen, nicht von dem Bild und dem Fluss und dem Himmel und davon, dass er erst lernen müsse, mit der Kälte umzugehen.

Ich werde heute beginnen, ich hoffe, es wird erfolgreich sein. Ich weiß, du solltest schon in der Arbeit sein, aber ich habe keine Ahnung, wo der Garagenöffner liegt, ich habe ihn nicht mitgenommen. Ja, in der Manteltasche habe ich nachgesehen, wie du mich gebeten hattest, aber ich wollte ohnehin gerade zum Frühstück gehen, ich werde im Auto nachsehen, warte, einen Augenblick, dann können wir gemeinsam suchen.

Karl zieht seine Schuhe an, er verlässt das Zimmer und geht vorbei an der Gaststube, vor deren Tür Annemarie auf einer alten Matratze liegt. Annemarie, sagt er, als sie ihren Kopf nicht hebt. Margit, ich habe Annemarie begrüßt, sie liegt vor der Gaststubentür. Du hast heute wirklich schlechte Laune. Ja, die hast du. Du könntest das Tor auch mit der Notentriegelung öffnen, du musst den Hebel umlegen und dann fest anziehen. Ich weiß, dass das schwierig ist. Ja, ich bin jetzt am Parkplatz.

Karl öffnet die Autotür. Hörst du, sagt er, ich bin da. In der Mittelkonsole, ja, unter dem Fahrersitz, nein, nichts, unter dem Beifahrersitz, auf der Rückbank, im Handschuhfach, ja, nein, nichts.

Je länger Karl mit Margits Stimme am Ohr sucht, desto größer wird seine Angst, er wird den Garagenöffner doch noch finden und Margit sagen müssen, dass er ihn gefunden hat. Dass es ihm leidtue, sagt er, während er überlegt, ob er Margit im Falle des Auffindens davon erzählen und wie sie darauf reagieren würde. Wusste ich es doch, würde sie sagen oder einfach nur: Karl.

Nein, hier auch nicht, sagt er ins Telefon und steigt wieder aus. Hast du in der Schlüsselschüssel nachgesehen, im

Kühlschrank, hast du dort geschaut, vielleicht hast du ihn nach dem Einkaufen hineingetan. Wieder, das sagt Karl nicht, das mag Margit nicht, obwohl es erst zwei Wochen her ist, dass Karl den Garagenöffner im Gemüsefach des Kühlschranks gefunden hat. Ich nehme dich ernst, ja, das mache ich, aber der Kühlschrank ist durchaus eine Möglichkeit. Ich möchte dir doch helfen. Nein, das mache ich nicht. Nein, Margit. Was für ein Tag, es wird nicht hell.

Ein hartes Band auf braunem Grund

In der Gaststube läuft das Radio und Karl wünscht sich, die Musik wäre lauter. Annemarie, flüstert er, als sie zum Tisch kommt und ihren Kopf auf seinen Schoß legt. Möchtest du ein Stück? Während er Annemarie füttert, achtet Karl darauf, nicht von der Wirtin beobachtet zu werden. Wäre sie jetzt hier, würde er sagen: Wir könnten nicht ohne Radio leben, ich brauche Musik, um wach zu werden, je lauter, desto mehr erfasst sie den Körper und die Laune, die gute Laune, sie hält alle Sorgen fern, man soll nicht traurig sein, hat nicht irgendjemand davon gesungen? Als Helmut noch bei uns wohnte, kam es gelegentlich zu Streitigkeiten bei der Senderauswahl, aber das haben wir längst hinter uns gebracht, noch bevor er auszog.

Du bist grau um den Mund, flüstert Karl, als er Annemarie ein Stück Brot hinhält und sie es vorsichtig aus seiner Hand nimmt, ich werde bald fragen, wie alt du bist. Sie schleckt über ihre Schnauze und Karl wischt seine Hände an der Hose ab, bevor er nach dem Brotkorb greift. Der Kaffee schmeckt bitter wie in den Tagen zuvor und Karl rührt Zucker hinein. Die Marmelade ist einzeln in kleine Plastikbehälter verpackt, auch die Butter, nur der Honig nicht, den stellt die Wirtin in einem Glas auf den Tisch. Annemarie, hört Karl sie in der Küche rufen, hier, komm her. Annemarie hebt kurz den Kopf, er spürt die Kälte, die dadurch entsteht, dann legt sie ihn wieder auf seinen Oberschenkel. Im Radio kommen die Verkehrsnachrichten und Karl beschließt, dass er es Annemarie nachtun und er der Wirtin erst antworten würde, wenn sie die Gaststube betritt. Dass die Plastiksonnenblumen von den Tischen verschwunden sind, bemerkt er erst, nachdem er das erste Brot gegessen hat, mit Butter und Marillenmarmelade.

Guten Morgen, sagt die Wirtin, als sie die Gaststube betritt, und Annemarie schaut unter dem Tisch hervor, um sie zu begrüßen. Haben Sie gehört, es soll ein Kälteeinbruch kommen, sie legt zwei Tageszeitungen auf die Bar, die alten wirft sie in eine Bananenschachtel auf dem Boden. Kälter, aber nicht kalt genug, sie brauchen niedrigere Temperaturen, um Schnee zu erzeugen, es bleibt noch Zeit, aber sie sollten rechtzeitig vorgesorgt haben. Sie?, fragt Karl. Drüben, zwanzig Minuten mit dem Auto, Sie sind bestimmt durchgefahren. Die Wirtin streicht eine Falte auf dem Tischtuch glatt, danach ordnet sie ihre Haare. Drüben, wiederholt sie, und Karl weiß, dass er etwas sagen sollte. Warum?, fragt er und die Wirtin zuckt mit den Achseln: kein Wintertourismus ohne Schnee und kein technischer Schnee über minus zwei Grad. Glauben Sie Frieda nicht, wenn sie erklärt, sie kann mit ihrer Pflanze den Schneefall vorhersagen. Das erzählt sie den Wandergästen, damit sie im Winter wiederkommen und ihren Kaiserschmarren essen. Vor ihrer Hütte werden sie Schnee gemacht haben, die Pflanze kann nicht irren, ein Glück, dass sie abseits der Piste wächst. Dort ersticken die Böden und die Pflanzen gleich mit, der Schnee ist zu dicht.

Mit der linken Hand greift Karl nach der Kaffeetasse, die Wirtin wischt mit dem Geschirrtuch über die Bar, sie spricht erst weiter, als er die Tasse wieder abgestellt hat. Die Kanonen laufen die ganze Nacht, ihr Surren ist nicht auszuhalten, aber das merken die Gäste nicht, weil sie müde vom Skifahren in ihren Betten liegen oder zu betrunken sind, und die Einheimischen haben sich daran gewöhnt. Es ist wie mit der Autobahn: Wohnt man neben ihr, bemerkt man sie erst, wenn keine Autos mehr fahren. Wir haben keine Autobahn. Wir haben keine Autobahn und wir haben keine Lifte mehr. Wissen Sie, was es braucht, um eine Piste zu beschneien? Karl schüttelt den Kopf. Ich bringe Ihnen heute Abend die Zahlen mit. Und wissen Sie, was es braucht, dass viele Gäste kommen, so viele, dass sie dort keine Zimmer mehr frei haben und manche auch bei uns übernachten?

Karl schüttelt erneut den Kopf, er weiß nicht, was er sagen soll, die Stimme der Wirtin ist laut. Draußen fährt sehr langsam ein Auto vorbei. Schnee, sagt die Wirtin und stemmt die Hände in die Hüften. Schnee in den Tälern, weiß muss alles sein, es soll überall Winter sein. Letztes Jahr, nichts, die Piste war ein hartes Band auf braunem Grund. Die blasen das Wasser bei den Kanonen hinaus, und wir achten auf den Verbrauch, um den Betrieb erhalten zu können. Ich dachte wegen der Umwelt, sagt Karl. Die Wirtin sieht ihn eine Weile an, dann wischt sie wieder über die Bar: Ein hoher Energieverbrauch beschleunigt den Klimawandel, der Klimawandel bringt weniger Schnee, weniger Schnee bedeutet weniger Gäste. Sie schüttelt das Tuch aus und legt es über die Schulter. Fahren Sie Ski? Karl nickt, er erzählt nicht, dass er schon lange nicht mehr Skifahren war, weil die Liftkarten zu teuer sind und die Schlangen zu lang, weshalb die Wirtin lächelt und auf seine Tasse blickt: Möchten Sie noch Kaffee? Danke, ich bin zufrieden. Gut, sagt die Wirtin und verschwindet in Richtung Bar, wo das Telefon in der Ecke steht. Karl isst das zweite Marmeladenbrot und überlegt, wie er seine Frage stellen soll. Margit würde ihm zum richtigen Einstieg raten. Langsam an das Thema heranführen, überrumple dein Gegenüber nicht. Im Radio spricht die Moderatorin von den Temperaturschwankungen, gestern zwanzig Grad und morgen acht, dann kommen die Verkehrsnachrichten. *Alles ruhig auf unseren Straßen, wir wünschen Ihnen eine gute Fahrt.* Die Wirtin liest Zeitung, hin und wieder schüttelt sie dabei den Kopf und blättert danach energisch um. Ein gutes Brot, sagt Karl und die Wirtin nickt.

Während Karl die letzten Butterreste auf das dritte Brot streicht, wartet er darauf, dass Margits Theorie der unerträglichen Stille greift. Gibt jemand wenig Auskunft, kann es hilfreich sein, in Stille abzuwarten, dass das Gegenüber in einen Redeschwall gerät. Aber die Wirtin schweigt. Sie liest weiter Zeitung und schaut nur kurz aus dem Fenster, als draußen ein Auto vorbeifährt. Die Fenster der Gaststube sind niedrig, man hat einen guten Blick. Jetzt, denkt Karl, als keine Butter mehr übrig ist, er räuspert sich, er sagt: Ich hätte eine Frage an Sie, beziehungsweise wären es mehrere, wenn Sie gestatten.

Wie meinen Sie das?, fragt die Wirtin, sie hat die Zeitung zugeschlagen und zur Seite geschoben. Das hier ist nur der

Anfang, ich werde an mehrere Orte fahren und erheben, wie zufrieden die Menschen sind, der Fragebogen umfasst alle Lebensbereiche. Wie viele wollen Sie hier befragen? Zehn Personen, ich möchte mich nicht zu lange aufhalten. Das ist ein großes Vorhaben, sagt die Wirtin und schaut wieder zum Fenster hinaus, warum machen Sie das? Karl stützt sich auf den Tisch: Wir können über alles später sprechen, es ist gut, möglichst unvoreingenommen an die Fragen heranzugehen, es dauert nicht lange, eine Stunde, vielleicht anderthalb. Überfordere, überfalle dein Gegenüber nicht, hört er Margit sagen, dass er von drei Stunden ausgeht, sagt Karl nicht. Gut, dann morgen Nachmittag, am besten wir treffen uns hier, wenn Gäste kommen, müssen wir allerdings unterbrechen. Das ist kein Problem. Gut. Vielen Dank.

Worauf es ankommt

Eine Basis, sagt Karl in das Diktiergerät und löscht es wieder, um neu zu beginnen. *Erstens: Eine Basis finden. Zweitens: Eine Basis schaffen. Drittens: Worauf es ankommt, ist das Fundament.*

Dreihundertvierundsiebzig Kilometer

Karl steht vor dem verspiegelten Panoramafenster, es ist angelaufen, draußen ist es finster und er sieht nur sich selbst. Mit dem linken Fuß tritt er nach vorn, zieht ihn aber gleich wieder zurück. Häuser halten länger als die Menschen darin, sagte die Wirtin, war es später oder gleich zu Beginn? Was hat sich getan, werden sie fragen, wie lange bist du fort gewesen, wir haben nicht mitgezählt. Sechs Wochen, werde ich sagen, aber wenn man allein an einen neuen Ort kommt, erscheinen einem selbst zwei Tage wie ein Jahr. Ich werde antworten: Meine Haare sind so lang wie seit vierzehn Jahren nicht mehr. Hat es dort keinen Frisör gegeben? Doch, die Frisierstube Renate war nicht weit von mir. Von dir? Von meiner Unterkunft, ich war im Hotel Post zu Gast. Ein Hotel Post gibt es auch überall. Ja, werde ich sagen, das könnte damit zusammenhängen, dass die Post früher noch eine Bedeutung hatte. Du bist der Alte geblieben, Karl, ganz der Alte, aber was sollte sich in ein paar Wochen geändert haben. Allerhand, werde ich antworten, allerhand.

Im Zimmer riecht es nach Raumerfrischer und Karl ist froh über den Geruch, den er sonst nicht mag. Er dreht den Hebel der Balkontür nach unten, er versucht sie zu öffnen, aber es gelingt ihm nicht. Karl stellt seine Füße auf die Heizungsschlitze am Boden, er muss nahe an das Fenster heran. Wer schläft in solchen Zimmern, wer zahlt so viel Geld für solch eine Unterkunft? Geschäftsreisende, hört er Margit auf der Terrasse sagen. Dort unten saßen sie, der Platz muss vom Balkon aus zu sehen sein. Margit zeigte auf die Balkone, auf denen Sonnenschirme aufgespannt waren. Geschäftsreisende, Durchreisende, ich weiß es nicht. Ich werde morgen zeitig aufbrechen, ich werde Margit Blüten bringen, eine Orchidee, weiß soll sie sein. Ich werde sagen: Es ist schön, wieder hier zu sein, ich habe dir etwas mitgebracht. Die Straßen waren eisig, aber kein Schnee in Sicht, meinst du, wird noch ein Winter kommen, die Wirtin bräuchte ihn. Nein, von der Wirtin werde ich nicht sprechen, nicht von der Wirtin, der Tankstelle, dem Lichtbildervortrag.

Karl geht im Zimmer auf und ab, er sucht eine Möglichkeit, die Heizung zu regulieren, er findet sie nicht. Er zieht seine Schuhe aus, der Boden ist gelb-rot gemustert, die Grundfarbe Grün. Margit, werde ich sagen, es freut mich, wieder bei dir zu sein. Der Kühlschrank unter dem Fernsehtisch ist abgesperrt, Karl versucht ein paar Mal, ihn zu öffnen, er lässt es sein, er möchte die zwei Flaschen Wasser darin ohnehin nicht trinken. Er schaltet den Fernseher ein und legt die Tasche auf das Bett. Erstens, das Zimmer gehört immer noch mir, hört er die Wirtin sagen. Er sieht sie vor dem Bett stehen, die Arme in die Seiten gestemmt. Versuchen Sie es noch einmal, öffnen Sie die Tür zum Balkon, ich habe schon viel zu lange kein Wasser gesehen. Ich vermisse die Möwen, ich vermisse ihr Schreien, wenn ihnen etwas in die Quere kommt.

Ein Haus, ein Hund und ich

Also? Die Wirtin sitzt auf der Eckbank, sie hat die Arme in den Schoß gelegt. Sehen Sie, ich habe einen Fragebogen mitgebracht, wir nehmen einen Punkt nach dem anderen durch. Woher haben Sie die? Wen? Die Fragen, haben Sie sich die ausgedacht? Zum Teil, aber in erster Linie halte ich mich an die Fragen, die zur Erhebung des Bruttonationalglücks in Bhutan verwendet werden. Bhutan? Ja. Die Wirtin greift sich an den Kopf und legt dann die Hände auf den Tisch, über ihrer Schulter hängt ein Geschirrtuch, mit dem sie zuvor Gläser poliert hat. Hier herrschen doch vollkommen andere Umstände. Ich habe die Fragen angepasst und einige belassen, wie sie sind, manchmal ist es gut, Unterschiede aufzuzeigen. Und weshalb? Darüber können wir später sprechen, besser, wir beginnen gleich. Die Wirtin greift nach der Teetasse vor sich. Und Sie sagten, dass mein Name nirgends auftauchen wird? Nein, das verspreche ich Ihnen, sehen Sie, hier wird nur F1 zu lesen sein, niemand weiß, wer Sie sind, es kommt nur auf das Gesamtergebnis an. Ich verstehe nicht, warum Sie das machen und was das soll. Wir können später darüber sprechen. Annemarie, runter von der Bank.

In der Gaststube läuft leise das Radio im Hintergrund, die Tür zur Küche ist offen und Karl sieht die Töpfe, die dort gestapelt sind. Annemarie hat ihren Platz am Boden bezogen, die Wirtin legt ihre Hände wieder zurück um die Tasse. Also, am besten, wir beginnen. Karl räuspert sich: Sind Sie bereit? Ja. Geschlecht weiblich, sagt er, er fragt: Wie alt sind Sie? Fünfundvierzig. Fünfundvierzig? Ja. Wie ist Ihr Familienstand? Ich werde nachher alles vergessen. Geschieden, sagt die Wirtin und greift nach dem Zuckerpäckchen, das auf Karls Untertasse liegt, sie schlägt es gegen den Tisch. Und Sie?

An dieser Stelle hätte Karl sagen können: Die Fragen

werden nur in eine Richtung gestellt. Er hätte sagen können: Sie können mich später alles fragen, aber jetzt nicht. Er antwortet: Auch schon einmal, aber dann habe ich schnell meine Margit gefunden. Währenddessen oder danach?, fragt die Wirtin. Karl legt seinen Fuß auf Annemarie, er streicht über ihren Rücken, sie bewegt sich nicht. Die Grenzen sind nicht klar zu ziehen, wir waren jung. Die Wirtin schweigt und Karl möchte erklären, wie es mit Susanne und Margit genau gewesen war und dass ihm im Allgemeinen kein Vorwurf zu machen sei. Dass sie gerade ein Bild von ihm entwickle, das dem tatsächlichen nicht entspricht, und dass gerade das zum Problem werden kann, diese Bilder, die entstehen und festkleben, die weiter und weiter verbreitet werden, bis die Wirklichkeit verschwimmt.

Welchen Schulabschluss haben Sie?, fragt Karl stattdessen in die Stille hinein. Handelsschule, sagt die Wirtin und schlägt erneut mit dem Zuckerpäckchen gegen den Tisch. Wissen Sie, wie es sich anfühlt, wenn man verlassen wird?, fragt sie und Karl bekommt Angst, das Päckchen könnte platzen und Zucker, der Zucker wäre über den ganzen Tisch verteilt. Das können Sie ruhig schreiben, schreiben Sie. Solche Fragen hätte ich mir für einen späteren Abschnitt aufgespart, Karl blättert. Soll ich erzählen oder nicht? Es wird bald platzen, denkt Karl, und daran, dass vor allem Wirte und Wirtinnen nicht mit Zuckerpäckchen gegen Tische klopfen sollten, weil sie doch am besten wissen, was dann passiert. Bitte, sagt er, ich kann es auch hier eintragen, wenn Sie es so möchten, im hinteren Abschnitt wäre mehr Platz gewesen, aber es ist auch so in Ordnung. Die Wirtin schaut Karl lange an und dann zum Fenster hinaus. Von einem Tag auf den anderen, der Boden bricht, und zurück bleiben ein

Haus, ein Hund und ich, ich wollte in die Welt hinaus, etwas gesehen haben.

Aber was hält Sie denn hier?, fragt Karl, nach dem genauen Zeitpunkt, wann Annemarie im Hotel vergessen wurde, erkundigt er sich nicht. Sehen Sie sich um. Ein Hund, ein Haus, eine Gastwirtschaft, aber machen wir weiter, das hat doch alles nichts mit Ihrem Fragebogen zu tun. Karl ist unsicher, ob er nachfragen oder weitermachen soll, er weiß nicht, was Margit sagen würde. Vielleicht: Was einem gehört, muss nicht hinaus, vielleicht aber auch: Was begonnen ist, gehört zu Ende gebracht. Mögen Sie Möwen?, fragt die Wirtin.

Nein, sagt Karl nach einer Weile, es sind unangenehme Vögel, die nur gemocht werden, weil sie an Urlaube erinnern. Und ich habe noch nie eine gesehen, flüstert die Wirtin. Das glaube ich nicht. Sie haben recht, aber an manchen Tagen fühlt es sich so an. Ich vermisse ihr Schreien, wenn sie sich streiten, ohne dass mir ersichtlich wäre, aus welchem Grund, ich vermisse ihr Schreien, wenn ihnen etwas in die Quere kommt, ich vermisse das Wasser. Ich habe einen Sommer lang an einem See, aber egal, es tut nichts zur Sache, ich erzähle zu viel. Die Wirtin legt das Zuckerpäckchen zurück auf den Tisch. Morgen Nachmittag ist Markttag, wissen Sie das? Karl überlegt, ob er nachfragen soll, was es mit dem See auf sich hat, er entscheidet sich dagegen, als er die fahrigen Hände der Wirtin sieht. Nein, antwortet er, wann? Ab halb drei, es gibt nicht viel zu kaufen, aber der Honig ist gut, vielleicht möchten Sie etwas mit nach Hause bringen, ein kleines Mitbringsel. Ja, vielleicht.

Also, zum nächsten Punkt, ich ziehe ihn vor, es braucht etwas länger, um zu antworten, es geht um Ihren Tagesablauf.

Also, wiederholt Karl: Wir würden gern wissen: *Wie haben Sie Ihren gestrigen Tag verbracht? Beginnen Sie bei dem Zeitpunkt, zu dem Sie aufgewacht sind, und beschreiben Sie Ihren Tag möglichst genau, geben Sie an, wie lange Sie für die einzelnen Aktivitäten gebraucht haben.* Wir?, fragt die Wirtin. Ja, wir, die Forschungsgruppe bin nicht nur ich. Karl setzt an, von Margit zu erzählen, wie sie den Kopf schüttelte, damals am Küchentisch, als er sagte: Es würde mich interessieren, wie du die Fragen beantwortest, bitte, aber er bleibt stumm, weil es die Aufmerksamkeit der Wirtin in die falsche Richtung lenken könnte. Die Wirtin sieht wieder aus dem Fenster, sie grüßt, als ein Spaziergänger vorbeigeht, sie sagt: Entschuldigen Sie, aber Ihre Fragen sind mir unangenehm. Sie können entscheiden, was Sie erzählen und was nicht, sagt Karl. Möchten Sie noch Tee?, fragt sie. Ja, gern.

Gut, also, gestern: Es war noch dunkel, als ich die Decke zurückgeschlagen habe. Die Decke schlage ich immer mit einem Ruck zurück, es ist für einen kurzen Moment sehr unangenehm, aber dann ist es schnell vorbei. Im Winter verwende ich die dicke, mit Daunen gefüllte, ich lüfte sie einmal pro Woche am Balkon. Aufstehen, fünf Minuten?, fragt Karl mit dem Stift in der Hand, die Wirtin nickt. Ich wache ohne Wecker auf. Ich wache auf und ich muss in den Tag hinaus, kennen Sie das? Karl nickt. Gestern war ein guter Tag, er hat mit einer angenehmen Laune begonnen, wenn Sie wissen, wovon ich spreche. Karl nickt. Nach dem Aufstehen frühstücke ich, ich brauche dazu eine gewisse Zeit, ich höre Radio, danach gehe ich ins Bad, aber das ist ja alles vollkommen uninteressant, wozu möchten Sie das wissen?

Karl legt den Stift zur Seite, er sagt: Die einen wachen auf und müssen gleich hinaus, die anderen wollen das Bett nicht verlassen, niemals, die einen frühstücken lange und ausgiebig, die anderen gehen ohne zu essen aus dem Haus. Es kann sein, dass auch das eine Auswirkung auf das Lebensgefühl hat.

Es ist ungesund, das Frühstück auszulassen, sagt die Wirtin. Ja, davon habe ich auch gehört, aber es soll Menschen geben, die morgens nichts essen können vor lauter Übelkeit. Der Kreislauf, sagt die Wirtin, damit komme ich gut zurecht.

Am Nachmittag lege ich Karten. *Karten legen,* trägt Karl in der Tabelle neben vierzehn Uhr ein, danach steckt er den Stift in seine Hemdtasche. Wie meinen Sie das? Tarotkarten, antwortet die Wirtin und rührt in ihrer Tasse. Mit Erzengeln? Nein, von denen halte ich nichts, ich habe es versucht, aber die Karten sind meistens damit verbunden, dass man sich mit einer Frage und Bitte an sie richtet, und ich bin keine, die an Engel glaubt. Aber jeder spricht auf etwas anderes an, jeder muss seinen eigenen Weg finden, fügt sie hinzu und greift wieder nach dem Zuckerpäckchen, dieses Mal allerdings, um es glattzustreichen. Aber an Ihre Tarotkarten glauben Sie?, fragt Karl. Ja, sie geben mir Denkanstöße, sie motivieren mich und können helfen, einen Weg zu finden oder einen guten weiterzugehen. Karl nickt und überlegt kurz, ob er besser nach den Tätigkeiten am späten Nachmittag fragen soll. Er sagt: Ich nehme ein Bad, wenn ich Probleme habe, und bereut es sofort, weil die Wirtin die Augenbrauen zusammenzieht und Karl sich daran erinnert, dass sie ihn bei der Ankunft ermahnt hat, mit dem Wasser sparsam zu sein. Aber hier geht es mir gut, fügt er schnell hinzu, es ist ein schöner Ort, bislang habe ich nur geduscht. Von der Kälte, die er vor zwei Tagen empfand, erzählt er nicht. Die Wirtin nickt, sie spricht wieder davon, dass das

Tarot nur Hinweise gibt, wo der richtige Weg liegen könnte. Das ist wie beim Wandern, sagt sie, es gibt Hinweisschilder, und manchmal biegt man doch woanders ab, nimmt eine Abkürzung oder überhaupt einen anderen Weg als ursprünglich gedacht. Wandern Sie oft?, möchte Karl fragen, aber die Wirtin ist schneller: Wollen Sie meine Karten sehen? Karl nickt, und sie geht hinüber zur Bar.

Tarot, notiert Karl, er kaut an seinem Stift. Wir haben auch Zahnstocher, ruft ihm die Wirtin zu. Danke, antwortet Karl und nimmt den Stift schnell aus dem Mund. Warum er den Stift durch einen Zahnstocher ersetzen sollte, ist ihm nicht klar, er verwendet Zahnstocher nur manchmal, immer schnell und unauffällig und mit vorgehaltener Hand, Margit mag es auch so nicht. Karl, sagt sie, wenn sie ihn dabei ertappt, muss das sein. Karl greift nun doch nach einem der Zahnstocher, die in Papier verpackt sind. In unbeobachteten Momenten steckte er bei früheren Gasthausbesuchen Zahnstocher zwischen seine Schneidezähne, Helmut lachte darüber, als er ein Kind war. Gewissermaßen könnte er sagen, dass Helmut dadurch begann, ihn zu mögen, dass Karl auf diese Art und Weise zu Helmuts Vater wurde. So bin ich zu einem Sohn gekommen, denkt Karl, und daran, dass es nicht der übliche Weg war, Vater zu werden.

Tut mir leid, dass es so lange gedauert hat, sagt die Wirtin, als sie wieder neben ihm Platz nimmt, ich hatte die gestrige Zeitung darübergelegt, wissen Sie, ich bin manchmal etwas chaotisch, ich muss daran arbeiten.

Eine rosa Verpackung, die Wirtin öffnet sie. Karl nickt, er trinkt einen weiteren Schluck Tee, der bereits kalt ist. Ohne Rum schmeckt der Tee nach nichts, sagt die Wirtin und holt die Flasche von der Bar. Danke, sagt er, manchmal trinke ich ihn auch nur mit Zucker. Zu viel Zucker ist ungesund. Da haben Sie recht. Möchten Sie jetzt eine Karte ziehen? Karl nickt und bekommt Angst, auch wenn er nicht an Tarotkarten glaubt. Allerdings, an Zeichen glaubt er auf eine gewisse Art und Weise, zum Beispiel daran, dass ein neuer Lebensabschnitt beginnt, wenn ihm ein Leichenwagen begegnet. In der Woche vor seiner Pensionierung waren es zwei, was Karl als Zeichen nahm, dass ab jetzt alles anders werden würde. Margit sagte: Die Welt ist voll von Zeichen, Karl, hör auf damit. Der Fahrer des zweiten Wagens führte bei einem Halt an der Ampel einen Kaffeebecher an seine Lippen, und Karl gefiel der Gedanke, dass auch sein Fahrer einmal Kaffee trinken würde, während er hinten läge. Gemütlich, beruhigend, wiederholte er, als er Margit gegenübersaß. Ich mag diese Werbung nicht, antwortete sie über die Zeitschrift gebeugt, und dabei beließen sie es.

Karl schiebt seine Füße unter Annemarie, er bekommt Angst vor der Wirtin und ihren Karten, es ist ihm unangenehm, dass sie etwas über sein Leben in Erfahrung bringen könnte. Die Wirtin mischt die Karten schnell, man merkt ihr die Übung an. Warten Sie, am besten wäre, Sie machen das selbst. Gut, sagt Karl. Mischen Sie sorgfältig und in Ruhe, dieser Moment soll etwas Besonders haben. In Ordnung, sagt Karl.

Im Radio singt jemand über das Wetter und Tage, an denen es regnet, die Wirtin sagt: So, jetzt legen Sie die Karten in einem Fächer mit den Bildern nach unten aus, warten Sie, ich zünde noch schnell die Kerze an, der Moment sollte etwas Feierliches haben. Aus ihrer Hosentasche zieht sie ein Feuerzeug und beugt sich über die Kerze hinter dem

Salzstreuer, Karl ist sie zuvor nicht aufgefallen. Das ist wichtig, wiederholt die Wirtin, ein Blumenstrauß oder das Bild einer geliebten Person wären weitere Möglichkeiten, aber wenn sie schon da ist, ist es gut, sie verfehlt bestimmt ihre Wirkung nicht. Nichts anmerken lassen, denkt Karl, als er seine Hand schüttelt, um Spannungen zu lösen, die den Energiefluss blockieren könnten. Sie ziehen mit links, erklärt die Wirtin, aber vorher müssen Sie eine Frage stellen. Welche?, fragt Karl. Das liegt in Ihrem Ermessen. Welche haben Sie zuletzt gestellt? Die Wirtin schaut zum Fenster und spricht schnell, manchmal ist Karl nicht sicher, ob sie tatsächlich hört, was er sagt, aber sie kommt wieder zum Ausgangspunkt zurück.

Am Anfang sind Fragen zur Gegenwart, zum Hier und Jetzt am besten. Was möchte mich diese Situation lehren, oder: Wo stehe ich gerade? Ich dachte, beim Tarot geht es um die Zukunft?, fragt Karl und klemmt seine Hände zwischen die Knie. Was machen Sie da, so verkrampfen Sie. Entschuldigung, sagt Karl und schüttelt die Hände, das linke Gelenk knackt dabei ein wenig.

Fragen zur Zukunft sind die heikelsten, das Tarot verweigert solche, die aus bloßer Neugier oder aus Misstrauen gestellt werden, oder wie sagt man. Die Wirtin blättert in dem Buch, das auf ihrem Schoß liegt: *Oder der Haltung entspringen, die eigene Verantwortung für das Leben nicht übernehmen zu wollen*. Vielleicht schütteln Sie noch einmal die Hand, gut, jetzt den Atem fließen lassen und auf die suchende Hand vertrauen, sehr gut.

Karl zieht den Mond. Oje, sagt die Wirtin, und dann: Entschuldigen Sie, es hat selbstverständlich alles etwas Gutes. So wie es keine schlechten Sternzeichen gibt, es sind Herausforderungen, und wenn man über sie Bescheid weiß, kann man sich ihnen stellen. Bei mir ist es zum Beispiel so, dass ich knapp an einem Wechsel geboren wurde. Der Zwilling beginnt am einundzwanzigsten Mai. Ich kam in der Nacht vom zwanzigsten auf den einundzwanzigsten zur Welt, trage also etwas von Zwilling und Stier in mir, bin zwischen Erde und Luft zu Hause, was anstrengend sein kann, aber auch ein enormes Potenzial in sich birgt, selbst wenn dieses Hin und Her zwischen den beiden Elementen ein Leben in zwei Welten bedeutet, der Stier schwingt immer mit, das lässt sich nicht ablegen, aber wenn man weiß, was man hat, kann man lernen, damit umzugehen.

Karl hält die Karte in der Hand, er liest die römischen Zahlen, die ganz oben gedruckt sind: *XVIII.* Er hätte fragen können: Sie beschäftigen sich mit Astrologie, aber er schweigt. Er sieht zwei schwarze Türme links und rechts, davor zwei Wächter mit Wolfshundeköpfen, zu ihren Füßen Schakale. Karl ahnt nichts Gutes, er fragt: Kann ich noch einmal, ich habe dabei an etwas anderes gedacht. Die Wirtin schüttelt den Kopf, sie sagt: Sehen Sie sich die Karte gut an und überlegen Sie, was sie in Ihnen auslöst. Danach verschwindet sie, aus der Küche ist ein Piepsen zu hören und Karl überlegt, welche Maschine das sein könnte, die so ein Geräusch erzeugt, und warum es überhaupt notwendig ist, mit einem Piepsen darauf hinzuweisen, dass die Arbeit erledigt ist. Als er noch unterrichtete, ärgerte ihn die Pausenglocke jeden Tag, weil sie ihn Stunde für Stunde aus der Bahn riss, in die er gerade gekommen war, und seine Worte keine Bedeutung mehr hatten. Die Stunde war vorbei, denkt Karl, die Karte liegt vor ihm auf dem Tisch. Das Bunte in der Mitte könnte etwas Gutes bedeuten, bunt ist gut und schwarz ist böse.

So, sagt die Wirtin, als sie sich wieder zu ihm setzt. Ich möchte nicht wissen, welche Bedeutung die Karte für Sie hat, ich lese Ihnen aber ein paar Anregungen dazu vor, was sie Ihnen sagen könnte, Ihren Weg müssen Sie selbst finden. Also: *Diese Tarotkarte stellt den abnehmenden Mond dar. Er ist im Begriff, noch weiter und tiefer in die dunklen Bereiche der Seele einzutauchen. Es ist eine Zeit der letzten und oftmals härtesten Prüfungen. Die Gefahr, in der Dunkelheit das eigentliche Ziel zu vergessen, ist groß. Illusionäre Wahrnehmungen und verlockende Verführungen lauern am Wege und versuchen, den Vorwärtsstrebenden in die Irre zu führen.*

Vielleicht schauen Sie sich das alles in Ruhe an, sagt sie, nachdem sie still weitergelesen hat, sie beißt auf ihre Unterlippe. Nur eines noch: *Wo die Nacht am dunkelsten, ist der Tag am nächsten.* Das ist doch etwas Gutes, sagt die Wirtin und berührt Karl kurz am Oberarm. Danke, antwortet er, möchten Sie jetzt? Nein, ich habe heute schon. Was haben Sie zuletzt gezogen? Die Wirtin nimmt Karls Karte und ordnet sie in den Stapel, den sie zurück in die Schachtel legt, das Buch kommt obenauf. Sie zuckt mit den Schultern, sie fragt: Wollen wir mit Ihrem Fragebogen weitermachen? Gern, antwortet Karl, er schüttelt seine Hände, seine Arme und zuletzt den Kopf.

Bitte die Bananen

Test, hört Karl sich sagen, er denkt: Die Karte vergessen, den Mond, die Schakale. Er drückt die Aufnahmetaste: *Im Supermarkt haben sie einer Obstsorte Schilder gemalt: Bitte die Bananen wie rohe Eier behandeln. Danke. Bitte die Bananen besonders liebevoll behandeln. Danke. Die Wirtin hat verspro-*

chen, dass sie mit dem Telefonbuch helfen wird, ich schlage auf, sie liest die Adressen vor. Oberau achtundsechzig. Sie fragte: Herr Hellmann, möchten Sie noch einmal? Es ist doch nur ein Test gewesen.

Und wieder retour

Anderswo wäre eine Kirche hier am zentralen Platz des Ortes, der eingerahmt ist von einer Bank, dem Altersheim und dem Gemeindeamt. Karl sieht hoch zum dritten Stock, wo jemand ein Fenster schließt. *Wenn man die Alten an den zentralsten Platz des Ortes lässt, ist von einer ausgeglichenen sozialen Struktur auszugehen*, notiert er auf die Rückseite des Fragebogens, den er unter seinen Arm geklemmt hat. Karl grüßt die Jugendlichen, die an ihm vorbeigehen, er denkt an die Wirtin, die lachte und sagte: Die Kopfbedeckung trägt man hier folgendermaßen. Karl sieht die Berge, die Bank und das Altersheim und beschließt, der Gruppe zu folgen, wobei er versucht, seine Schritte den ihren anzupassen, aber er merkt schnell, dass ihm das nicht gelingt. An die Wirtin, die sagte: Wo jemand aufgewachsen ist, erkennen Sie daran, wie er die Schritte setzt.

Die Jugendlichen verabschieden sich an der Bushaltestelle voneinander und Karl wartet neben einem Mädchen, das den zweiten Kopfhörer in sein Ohr steckt, sobald die anderen um die Ecke gebogen sind. Vorsichtig blättert er den Fragebogen durch, aber das Mädchen achtet ohnehin nicht auf ihn. Eine gute Verkehrsinfrastruktur trägt wesentlich zur Lebenszufriedenheit bei, flüstert Karl, während er den Fahrplan liest. Zu Schulzeiten wird O1 mittags jede Stunde von einem Bus angefahren. *Selten, aber zumindest regelmäßig.*

Karl nimmt neben einer Frau auf der Wartebank Platz, sie spricht in ihr Telefon, sie sagt: So könnt ihr eine gesunde Mutter haben. Melkfett auf die Brust, damit sich die Haut nicht ablöst, Senf in einem Topf erhitzen, die Masse auf ein Tuch, heiß muss er sein, der Wickel, aber verbrennen sollt ihr sie nicht, die Mutter. Beim Eissalon sind die Fensterscheiben mit Zeitungspapier zugeklebt und Karl rückt ein paar Zentimeter nach außen, während die Frau weiter über die Mutter spricht und das Mädchen in sein Telefon tippt. Man muss sich eine Gegend erarbeiten, hörst du, hier bellt ein Hund sich heiser.

Einmal, sagt Karl, als er einsteigt. Wohin?, fragt der Fahrer. Endstation, antwortet Karl, weil er nicht weiß, wohin der Bus fährt. Endstation und wieder retour bitte.

In der ersten Sitzreihe legt Karl seine Jacke auf den Sitz neben sich, den Fragebogen hält er auf dem Schoß, er deckt ihn mit den Händen zu. Vorne Platz zu nehmen, das hat er von Helmut gelernt: Achte darauf, möglichst nahe beim Fahrer zu sitzen, dann frierst du nicht. Warum, regelt der Fahrer die Heizung hinten schlechter?, fragte Karl, die Reisetasche neben sich, es war kurz vor seinem Aufbruch zu einer Landschulwoche gewesen, der letzten vor seiner Pensionierung. Die Fahrerklimazone ist immer die beste, antwortete Helmut und fragte, ob er das Auto während Karls Abwesenheit benutzen könnte, Margit brauche es ohnehin nicht.

Schön, ruft die Frau, die zuvor in ihr Telefon gesprochen hat, und stemmt einen Arm in die Höhe. Bernhard, dich habe ich schon lange nicht gesehen. Ich war auf Urlaub, antwortet der Fahrer und lässt Karls Restgeld in die Schale fallen. Die Schülerin grüßt kurz und drängt sich an der Frau vorbei, ihren Ausweis hält sie dabei hoch, erst als sie Platz genommen hat, erhebt sich Karl, um die Münzen zu holen.

Niemand wartet an der nächsten Haltestelle und der Bus fährt vorbei, ohne langsamer zu werden. Schau, sagt die Frau, als sie eine andere erblickt, Irmgard, die sollte weniger essen. Es gibt ja viel zu viel, antwortet der Fahrer. Weißt du noch? Der Fahrer nickt. Als wir alle in der Post vor dem Fernseher versammelt waren, und die Kamera über das Publikum schwenkte und so viele Menschen dort standen, ich hatte noch nie zuvor so viele Menschen auf einem Platz gesehen, und wir alle still saßen und schauten und Leopold in die Stille hinein sagte, Leopold, der bereits einige Zeit auf das Gulasch wartete, das er bestellt hatte, der sagte: Bis die alle etwas zu essen haben. Danach war er wieder still.

Das Hotel Post?, will Karl fragen und schaut aus dem Fenster. Der Busfahrer nickt und dreht das Radio lauter. Davon sprach Helmut ebenfalls: Der einzige Nachteil an der vorderen Sitzplatzreihe kann sein, dass der Fahrer zu laut Radio hört. Wann hast du deine nächste Fahrt?, hört Karl ihn fragen, und die Frau antwortet: In zwei Wochen, im Winter wird das Nachttaxi wenig genutzt, du weißt, nur wenn es warm ist, ist Zeltfestzeit. Ich bin lieber mit dem Schulbus unterwegs, sagt der Fahrer und die Frau nickt, sie spricht leise weiter: Im September ist wieder einer aus dem Auto gefallen, man sollte glauben, sie wissen, dass man während der Fahrt nicht die Tür öffnet. Sie schlafen doch auch immer wieder auf der Straße ein. Das stimmt, antwortet die Frau, es ist wie mit den Katzen: Wenn man ein gewisses Alter an der Bundesstraße erreicht hat, geht von ihr so gut wie keine Gefahr mehr aus. Der Busfahrer dreht die Musik leiser, weil sein Telefon läutet, er steckt einen Stöpsel in sein Ohr. Ja, hallo, ich höre dich, nein, davon weiß ich nichts. Ja. Gut. Und wo machst du Pause? Nein, ich fahre noch.

Merke, schreibt Karl auf die Rückseite des Fragebogens: *Im Bus.* Er setzt die Worte in Klammer und notiert fünf Fragen: *Wann sind Sie zuletzt Bus gefahren? Bauen Sie Gemüse an, haben es Ihre Eltern und Großeltern getan? Sind Sie fremden Menschen eher zu- oder abgeneigt? Mögen Sie Feste? Falls ja, auch in Zelten?* Halte dich an die vorgegebenen Fragen, hört er Margit sagen, verlaufe dich nicht. *Wie zufrieden sind Sie mit Ihrem Leben?* Karl kratzt sich am Ohr und überlegt, was die Wirtin antwortete. Eher zufrieden als unzufrieden, sagte sie und Karl überlegt, wie das Wetter war, ob es einen Einfluss auf die Antwort gehabt haben könnte, ob er sie an einem anderen Tag nochmals fragen sollte. Karl, du kommst zu schnell von Plänen ab. Bewölkt, denkt Karl und schüttelt den Kopf, er flüstert: Im Großen und Ganzen unterliegen Antworten keinen gravierenden Schwankungen, der Faktor der Tagesverfassung wird überschätzt.

Auf seinem Zeigefinger hat der Kugelschreiber einen blauen Fleck hinterlassen, Karl wischt darüber, aber die Farbe verschwindet nicht. Er sieht hinüber zur Frau, die etwas in ihr Telefon tippt, er sieht dem Fahrer über die Schulter, der immer noch telefoniert, und er beschließt, morgen früh aufzubrechen.

Endstation, sagt der Fahrer, als er den Motor abstellt und die Frau und die Schülerin bereits ausgestiegen sind. Wann fahren Sie weiter?, fragt Karl. Der Fahrer zündet sich eine Zigarette an und schaut kurz in den Himmel. Ich warte den Zweisiebziger ab. Ach so, antwortet Karl, er bückt sich, um seine Schuhe zu binden, weil er nicht weiß, was der Fahrer damit meint und er Zeit gewinnen möchte. Er dürfte in Helmuts Alter sein, denkt Karl und richtet sich auf. *Tausche Frau gegen Benzin*, steht auf dem T-Shirt des Mannes, Karl lächelt. Den Anschlussbus, sagt der Fahrer und ascht auf den Boden, er kommt in zehn Minuten, dann fahre ich wieder retour.

Draußen und hier

Auf dem Fensterbrett liegt das Diktiergerät, Karl hat es lange gesucht. Er nimmt es in die Hand und sieht auf die Straße, wo ein Mann langsam auf einem Fahrrad vorüberfährt. Ich muss die Batterien aufladen, es leuchtet nicht mehr. Der Mann fährt die Mauer entlang, an der zwölf Schaukästen in unterschiedlichen Größen montiert sind, vier sind mit einem Dach aus Holzbalken geschützt. So viele Wolken, flüstert Karl, während der Mann um die Ecke biegt, ich bin so lange nicht mehr Rad gefahren.

Dreihundertvierundsiebzig Kilometer

Ein Fahrrad mit einem alten Mann darauf ist ein Fahrrad mit einem alten Mann darauf, ist ein Fortbewegungsmittel, das für Umweltbewusstsein, geringes Einkommen, Führerscheinentzug oder, was Margit, was? Karl schließt die Augen, der Duschkopf lässt mehr Wasser hindurch als jener im Hotel Post, es ist warm. Die Wirtin hätte nicht gewollt, dass viel Wasser durch ihre Duschköpfe fließt, die Wirtin hätte gesagt: Es liegt an uns, Ressourcen zu sparen. Karl hatte anfangs noch gedacht, sie meine das nicht so vollkommen ernst. Am Anfang, singt Karl und er verstummt, als er ein Husten hört, ist es aus dem Nebenzimmer oder vom Gang gekommen?, es ist nach zweiundzwanzig Uhr, es könnte ein Nachbar sein, jeder Nachbar ist besser als Hirsch. Ein zweites Husten, es kommt vom Gang, ist die Tür abgesperrt? Karl erinnert sich an die Kette neben der Tür, er erinnert sich, wie er die Tür hinter sich zuzog und froh war, dass es im Zimmer anders roch als im Gang, hat er die Kette ins Schloss gehängt?

Ein Husten und Schritte, es könnte der Rezeptionist sein, der mich suchen kommt und mit nicht enden wollendem Lächeln vor den Zimmern auf und ab marschiert. Herr Hellmann, sind Sie das?, ich habe von Ihnen in der Zeitung gelesen.

Karl steigt aus der Dusche, das Wasser lässt er an, er wickelt sich ein Handtuch um und läuft in den Vorraum. Nichts, die Tür ist abgesperrt, durch den Türspion ist niemand zu sehen. Das ist doch Jahre her, dass der Artikel erschienen ist, Sie meinen das Schuljubiläum? Karl, beruhige dich, geh zurück in die Dusche, wie warm das Wasser ist.

Von sechsunddreißig rückwärts zählt Karl und dann noch einmal, die Dusche ist angenehm, er möchte nicht hinaus. Herr Hellmann, hört er M1 sagen, warum baden Sie nicht, Sie hatten bestimmt einen anstrengenden Tag, Sie sind doch, wie soll ich sagen, das sieht man doch. Danke, es ist alles in Ordnung, es ist alles gut. Dazu sind Sie zu schnell aufgebrochen, ich stand doch neben Ihnen, wie war das, Sie sagten: Entschuldigung, und rannten zur Tür hinaus.

Es muss ein Irrtum sein

Ich freue mich, dass Sie sich Zeit nehmen, es braucht doch ein wenig Mut dazu. Karl schiebt die Füße unter den Teppich und zieht sie schnell hervor, der Fliesenboden ist kalt, er ordnet den Fragebogen, während der Mann Kaffee zubereitet. Er hält dazu die Kaffeekanne unter den Wasserhahn, das Wasser, das er in die Maschine leert, ist hellbraun. Und warum ich, wie haben Sie mich gefunden? Wir gehen per Zufallsprinzip vor, ich schlage im Telefonbuch eine Seite auf, lege mit geschlossenen Augen den Zeigefinger darauf, die Adresse wird mir vorgelesen, der Name nicht. Karl hält ihm den Zettel hin. *M1,* murmelt der Mann. Das sind Sie, sagt Karl, der Buchstabe steht für das Geschlecht, entschuldigen Sie, dass es so schlecht lesbar ist, es war nur für mich gedacht. Ach so, der Mann streicht über seinen Bauch, während er weiterliest und den Kopf schüttelt. *Oberau 68,* das ist nicht meine Adresse, da sind Sie im falschen Haus. Nein, antwortet Karl und nimmt ihm den Zettel aus der Hand, Sie wohnen doch hier. Ja, aber das hier ist sechsundsechzig, M1 zeichnet mit seinen Händen einen großen Bogen: Das kommt immer wieder vor, die Schilder sind schlecht angebracht. Sechsundsechzig, wiederholt Karl, er überschlägt die Beine und verschränkt die Arme. Tatsächlich? Ja, ich weiß doch, wo ich wohne.

Es wird auch so in Ordnung sein, sagt Karl nach einer Weile und nimmt den Bleistift in den Mund. Keine Angst, wenn wir den Fragebogen zügig durcharbeiten, sollten wir in einer Stunde fertig sein. M1 sieht Karl an und Karl schaut zurück, so lange er kann, er versucht sich nicht anmerken zu lassen, dass er seit dem Interview mit der Wirtin mindestens drei Stunden veranschlagt. M1 sitzt in der Ecke, dort, wo in manchen Häusern ein Kreuz an die Wand genagelt ist, hängt hier ein kleiner Schrank, darin sind nach Größe einige Flaschen Schnaps sortiert. Selbstgebrannt?, möchte Karl fragen, aber erinnert sich, dass er nicht für solche Fragen hierhergekommen ist. M1 spricht immer noch nicht und Karl überlegt, dass es in seiner Gegend unangebracht wäre, einen Gast so lange wortlos anzuschauen. Vielleicht folgt die Kommunikation hier anderen Regeln, denkt er und räuspert sich: Sehen Sie, es ist nicht viel, es sind nur ein paar Seiten, oft genügt eine kurze Antwort, eine schnelle Einschätzung der Situation. Er schiebt den Fragebogen etwas näher an M1 heran, wird er danach greifen? Ich fülle alles mit Bleistift aus, so können wir Änderungen vornehmen, sollten Sie es sich im Laufe des Gesprächs anders überlegen. Größere Studien erlauben nur das Ausfüllen mit schwarzem oder blauem Kugelschreiber, weil die Fragebögen elektronisch bearbeitet werden, aber wir gehen noch nach alten

Methoden vor, wir werden die Fragebögen zu Hause auswerten, händisch, wenn Sie wollen, aber man braucht dazu auch den Kopf. Karl lacht, M1 schaut auf den Tisch.

Wer ist wir? Meine Frau und ich. Die meiste Arbeit entfällt dabei auf mich, weil Margit tagsüber arbeitet und an einigen Abenden gesellschaftliche Verpflichtungen hat. M1 blättert den Fragebogen durch. Und was ich Ihnen zwischen den Fragen erzähle?, fragt er, ohne den Kopf zu heben. Wie gesagt, wichtige Eckpunkte notiere ich, sofern ein Feld dazu vorgesehen ist. Was keinen Platz findet, wird hier nicht vermerkt. Ich weiß nicht, ob ich das alles beantworten möchte, sagt M1, als er den Fragebogen wieder zu Karl hinüberschiebt. Wie gesagt, Ihr Name wird in der Statistik nicht auftauchen. Und wenn ich kein Teil der Statistik sein möchte?

Karl überlegt kurz, dann beginnt er von Margit zu erzählen. Wenn sie nicht bei ihm ist, hilft es manchmal, von ihr zu sprechen. Wir werten die Fragebögen zu Hause aus, wir sitzen dabei am Küchentisch mit Blick auf die Garage der Nachbarin, weil es dort am sonnigsten und der Tisch gut zu nutzen ist, auf meinem Schreibtisch liegt zu viel herum, Sie kennen das vielleicht. Sie müssen wissen, sagt er nach einer Pause, meine Margit ist viel beschäftigt, an Montagen turnt sie, an Dienstagen besucht sie ihren Vater, an Donnerstagen trifft sie Veronika, an Freitagen tanzt sie, aber das nur jeden zweiten. Es ist gar nicht so leicht, das alles im Kopf zu behalten, auch wenn der Ablauf jede Woche derselbe ist. Ich frage doch gar nicht nach Ihrer Frau, sagt M1, ich möchte wissen, warum wir das hier machen.

Damit wir herausfinden, antwortet Karl nach einer Weile, lassen Sie uns später darüber sprechen, ich versichere Ihnen aber schon jetzt, dass Ihre Antworten einen großen gesellschaftlichen Wert haben werden. Denn, beginnt Karl, er hört Margit sagen: Ablenken, lenke die Aufmerksamkeit deines Gegenübers im Falle eines Interessenkonflikts in eine andere Richtung. Wussten Sie, dass vermutet wird, alle Blauäugigen würden vom selben Menschen abstammen, dass die Augenfarbe erst vor einigen tausend Jahren durch eine Mutation entstanden ist, was bedeutet, sie wären mit meiner Margit und ihrem Sohn verwandt? Ja, das stand gestern in der Zeitung, aber was hat das mit Ihren Fragen zu tun? Alles und nichts, sagt Karl, beginnen wir, sonst läuft uns die Zeit davon.

Geschlecht männlich, wie alt sind Sie? Siebenundsechzig, gut, nein, wann Sie wieder ein Jahr älter werden, spielt hier keine Rolle. Beruf? Ich bin im Werk gewesen. Schlosser?, fragt Karl und M1 schüttelt den Kopf. Dreher. Er bittet darum, bei den Fragen mitlesen zu dürfen, aber den Stift überlässt ihm Karl nicht. Frag nicht so schnell, hört er Margit sagen, lass ihnen Zeit, oft fügen die Befragten noch etwas hinzu, weil sie die Stille nicht ertragen, die zwischen den Sätzen entsteht. In der Küche hat Margit Karls Interviewpartnerin gespielt, sie waren einander gegenüber gesessen, Margit mit verschränkten Fingern, sie bog ihren Daumen nach hinten, während Karl sprach. Du wirst das hoffentlich ohnehin nie machen, sagte sie, aber dann erklärte sie ihm doch, was sie in dem Kurs gelernt hatte. Achte auf die Körpersprache, wiederholte sie, schau auf die Hände, was sie tun, während dein Gegenüber spricht oder du selbst etwas sagst. Wir sollten Greifvogelsilhouetten an die Fenster kleben, dort vorne liegt schon wieder einer. Immer beim Thema bleiben, sagte Margit und stand dann doch auf, um nach dem Vogel zu sehen. Eine Amsel, sagte sie und kam wieder zurück an den Tisch. Bei welcher Frage waren wir stehen geblieben? Vielleicht holt sie die Katze noch. Katzen fressen kein Aas. Diese Katze frisst alles.

Margit mag keine Katzen und ganz besonders die nicht, die in ihren Garten kommt und die Sonnenblumenkerne unter dem Vogelhaus frisst. An Tagen, an denen sie sich darüber ärgert, erzählt sie von ihrer Großmutter, mit der sie Katzenkinder einsammelte und in einen großen Jutesack steckte, um sie darin hinter dem Haus mit einem Holzstück zu erschlagen. Die Großmutter machte das nur, solange die Augen geschlossen waren, hatten die Kätzchen sie geöffnet, schimpfte sie und holte sie ins Haus, wo sie gefüttert wurden. Der Sack wurde hinterher gleich auf dem Misthaufen entleert, das sparte Wege. Für den Fuchs, sagte die Großmutter, sie war eine praktische Frau. Speckschwarten drittelte sie nach dem Essen und schnitt sie in unterschiedlich große Stücke, Größe eins für die Schweine, Größe zwei für die Katzen, Größe drei für die Hühner. Meine Großmutter hätte nichts von Hobbytieren gehalten, und ich tue es auch nicht, sagt Margit oft. Karl hört lieber die Geschichte von den Zweigen, die sie als Kinder im Wald rauchten, denn dann ist Margit gut gelaunt.

Ich weiß es nicht, antwortet M1 bei Frage neunzehn und holt mit seinen Händen aus, ich habe da kein eindeutiges Muster. *Welche Situationen stressen Sie am meisten?* Aber man weiß doch, was einen unruhig macht. Sehen Sie, es ist ganz einfach, sagt Karl, ich nenne Ihnen ein Beispiel, vielleicht fällt Ihnen dann etwas ein. Bei mir ist es an manchen Tagen die Außenwelt, wenn ich weiß: Ich muss mich anziehen, ich muss mich waschen, ich muss hinaus. Margit würde sagen: Du bist ein Freund der Menschheit, aber nicht der Menschen, ich bin mir nicht sicher, ob das tatsächlich so ist. M1 nickt, Karl spricht weiter: Jedenfalls, ich falte Pullover, das mache ich, wenn ich nicht mehr weiter weiß, es ist meine Ablenkung von der Welt. Gegen die Welt im Allgemeinen habe ich nichts, nur an solchen Tagen. Ich hole die Pullover aus dem Schrank und lege sie neu zusammen, aber nur die aus meiner Hälfte. Wenn das nichts hilft, wenn es zu viel an allem wird, lasse ich eine Badewanne ein, ich setze dem Wasser Badeöl zu, dabei wird es rot oder grün. Wenn es grün wird, hilft es gegen Erkältungen, rot steht für eine glückliche Auszeit. Ich weiß nicht, ob sich die Produktgestalter über die Bedeutung der Farben Gedanken gemacht haben, aber das Badewasser für eine glückliche Auszeit sieht aus, als hätte man darin jemanden erstochen und danach Wasser hinzugegeben, genauso verhält es sich bei dem gegen Rückenschmerzen. Ich lasse während des Badens ständig Wasser nach, so, dass die Temperatur im Laufe des Badevorgangs immer höher bis so heiß wird, dass ich aus der Wanne steigen muss. Sie glauben nicht, wie müde heißes Wasser macht.

Karl, verlier dich nicht, würde Margit an dieser Stelle sagen, und Karl stoppt, er schaut schnell auf den Fragebogen vor sich. Können wir Fragen auslassen?, M1 kratzt an einem Fleck auf dem Tisch. Wir können sie für später aufheben, die Regeln sind noch nicht so genau festgelegt. Haben Sie im Hotel Post eine Badewanne? Ja, aber bislang habe ich nur geduscht, momentan komme ich mit der Welt gut zurecht. M1 blickt zur Tür, dann flüstert er: Holz. Wie bitte?, fragt Karl. Das beruhigt mich. Kommen Sie, ich zeige es Ihnen. M1 deutet an, aufzustehen, aber er setzt sich gleich wieder. Lassen Sie uns zuerst die Fragen zu Ende bringen, sonst werden wir nie fertig, und nennen Sie mich bitte Hans oder

Georg, ich möchte einen Namen haben. Stimmt einer der beiden?, fragt Karl und bereut im selben Moment, die Frage gestellt zu haben. M1 nickt.

Kastanienregen

Der Tag, an dem die Zeit umgestellt wird, ist der erste mit Wind. Ich höre den Kastanien zu, ihrem Fallen, das wie schwerer Regen klingt, erinnerst du dich, von oben nach unten, es ist ein weiter Weg, bis eine auf den Boden trifft.

Am Fluss am Meer

Man muss sich die Zeit vertreiben, ehe sie einen vertreibt, sagt die Wirtin, als sie Karl zu einem Spaziergang aufbrechen sieht, und er nickt dazu. Darf Annemarie Sie begleiten? Karl nickt erneut und die Wirtin sucht die Leine: Annemarie, steh auf, der Herr nimmt dich mit.

Vielleicht hat es mit der Karte zu tun, denkt Karl, als er die Haustür hinter sich zuzieht, vielleicht hat sie deshalb nicht mehr nachgefragt: Herr Hellmann, das ist ein großes Vorhaben, warum machen Sie das? Mit Annemarie kommt Karl nur langsam voran, sie lässt sich Zeit. Die Karte vergessen, den Mond, die Schakale. Der Fluss hat seine Farbe auf grün geändert, bislang war das Wasser braun. Dort, wo ein Seitenarm hineinfließt, bleibt Karl stehen, er hört dem Rauschen zu und Annemarie frisst das Brot, das für die Enten bestimmt ist. Was die Wirtin dazu sagen würde, überlegt Karl kurz, er lässt die Leine locker. Ich habe das Schweigen gelernt, werde ich antworten, wenn jemand fragt, was sich geändert hat. Karl Hellmann, das glaube ich nicht, du bist doch erst sechs Tage hier. Doch, ich schweige länger, das hätte ich vor einer Woche nicht gekonnt.

Ein Mann kommt vorbei, er stoppt und blickt ebenfalls auf das Wasser. Schön, sagt er, wir haben diese Farbe nicht jeden Tag. Er rückt seinen Hut zurecht: Ein Kunstwerk. Er sagt: Alles Gute und zeigt auf Annemarie.

Weitergehen, den Fluss entlang, ohne Leine, sie läuft nicht weit weg. Die Wirtin fragte auch nicht nach, wie es mit M1 gewesen war, sie sagte nur: Geben Sie Bescheid, wenn ich mit dem Telefonbuch helfen soll. Die Karte vergessen, den Blick der Wirtin. Als sie sich einer Straße nähern, nimmt Karl Annemarie wieder an die Leine, sie schüttelt sich. Bei der Kapelle mit der Aufschrift: *Schmerzhafte Mutter Gottes, bitt' für uns* bleiben sie stehen, Karl schaut auf sein Telefon. Ich bin nur ein Stück weit gegangen und es ist so anders jetzt.

Weiß zu bunt

Herr Hellmann, ruft M1 über den Parkplatz, mit der einen Hand winkt er, mit der anderen hält er den Einkaufswagen fest. Es ist der erste Montag in O1. Diese Woche fühlt sich wie ein Jahr an, hat Karl zuvor zu Margit ins Telefon gesprochen, und dabei ist seit meiner Abwesenheit noch nicht einmal die Müllabfuhr da gewesen. Ich denke, es war eine gute Idee, auf die zweiwöchentliche Abholung umzustellen, wenn man den Müll sorgfältig trennt, bekommt man nicht jede Woche eine Tonne voll, auch in zwei Wochen nicht, aber ich weiß, du fühlst dich sicherer so. Ich möchte nicht vom Thema ablenken, keinesfalls, aber über irgendetwas muss ich doch sprechen und der Müll ist ein allgegenwärtiges Problem. Der Umgang damit wird von Region zu Region anders gehandhabt, es soll Gegenden geben, in denen die Abfallsäcke bei der Gemeinde gekauft werden, je mehr Säcke man braucht, je mehr anfällt, desto teurer wird es. Die Bewohnerinnen und Bewohner werden dadurch ermuntert, weniger Müll zu erzeugen, das halte ich für durchaus überlegenswert. Ich weiß, Margit, ich weiß.

Den Vormittag verbrachte Karl damit, nachzudenken. Er saß auf dem Bett, auf dem Badewannenrand und kurz auf dem Boden. Karl ist der Überzeugung, die regelmäßige Änderung der Sitzposition könne Denkblockaden lösen, er weiß nicht, ob er diesen Rat von Margit hat oder ob er von allein darauf gekommen ist, aber er weiß, dass es stimmt. Am Boden mit dem Rücken gegen das Bett gelehnt las er zuerst den Fragebogen von M1 und dann den der Wirtin, F1 stand darauf. Mit zwei Büroklammern heftete er die Blätter zusammen und achtete darauf, die Seiten richtig anzuordnen. Wie es weitergehen sollte, überlegte Karl, was ihm das alles zu sagen habe und ob er die Wirtin fragen sollte, ob er noch eine weitere Karte ziehen darf. Zwei Interviews in einer Woche, hörte er Gottfried lachen, Karl, mein großer Bruder, du bist ein langsamer Mann. Ich musste mich erst eingewöhnen, an einem neuen Ort sind die Wege noch unvertraut. Und du bist auch nicht schneller, denk an deinen Gartenzaun.

Karl fällt auf, dass M1 geschlossene Schuhe trägt, und er wundert sich, wie anders er damit geht. M1, möchte er zurückgrüßen, aber stattdessen sagt er nur: Hallo, wie geht es Ihnen? Wie es einem geht, wenn man gerade im Supermarkt gewesen ist. Karl sieht M1 an, er überlegt, was das bedeuten soll. Es geht mir gut, fügt M1 nach einer Weile hinzu, wir sind jetzt wieder mit ausreichend Essen versorgt. Karl schaut in den Einkaufswagen, er ist fast ausgeräumt, nur eine Packung Saft und eine Flasche Öl liegen darin. Im Kofferraum sieht er eine Pappschachtel gefüllt mit Lebensmitteln, ein Krautkopf obenauf, daneben eine Kiste Bier und eine Packung Vogelfutter. Sie sollten die Kiste auf den Rücksitz stellen und anschnallen, sagt Karl, Gefahrengut muss gesichert werden. M1 lacht und Karl wartet ab, dass sein Lachen ein Ende nimmt. Eine Kiste anschnallen, wiederholt M1 und schüttelt den Kopf. Karl sucht in seinen Taschen und zieht einen Zettel heraus, der wie eine Einkaufsliste aussieht. Was machen Sie hier?, fragt M1, ich dachte, Sie werden im Hotel Post verpflegt. Nur morgens und abends, antwortet Karl, mittags bin ich auf mich allein gestellt. Kommen Sie mit der Arbeit voran? Karl sieht einer Frau zu, die Flaschen in die Container wirft, Buntglas zu Weißglas und weiß zu bunt. Brauchen Sie den Einkaufswagen?, fragt M1, Sie können ihn gern haben. Nein, danke, ich habe schon eingekauft, antwortet Karl und zieht drei Bananen und eine Packung Kekse aus der Tasche. Er wundert sich, dass M1 freundlicher ist als beim letzten Mal und dass er die Antwort auf die erste Frage nicht abgewartet hat. Vielleicht hast du bereits geantwortet, hört Karl Margit sagen, du weißt, manchmal machst du es durch Gesten, ohne dass es dir auffällt. Ohne dass du es merkst, hast du alles gesagt, was es zu sagen gibt.

Und wie war Ihr Wochenende?, fragt M1. Ich habe nur die Wirtin und ihren Hund gesehen. M1 versucht, den Einkaufswagenchip wieder in der Halterung an seinem Schlüsselbund zu befestigen, was ihm nicht gelingt, weshalb er flucht und ihn in die Hosentasche steckt. Geben Sie gut Acht, dass Sie ihn nicht verlieren, sagt Karl. Wir haben noch einige zu Hause, Hilde, entschuldigen Sie, meine Frau, sammelt solche Dinge. Die Wirtin, murmelt M1 danach, haben Sie die Wirtin schon befragt? Karl nickt: Noch vor Ihnen. Und, wie war es? Gut, sagt Karl, sie hat mir die Karten gelegt. Die Karten, oje. Ja, die Karten, wiederholt Karl und ärgert sich über M1 und darüber, dass sich die Situationen häufen, in denen jemand dieses Wort verwendet. Und? Karl schüttelt den Kopf, entschlossen, ab jetzt nichts mehr zu diesem Thema zu sagen. Sie wissen, dass die Umfrageergebnisse streng vertraulich behandelt werden. Herr Hellmann, lacht M1, dazu haben Sie viel zu viel verraten. Karl zuckt mit den Achseln, er ist hungrig und nicht nur Margit weiß: Hungrig spricht Karl nicht. Er lächelt, weil er sich daran erinnert, wie Helmut diesen Satz sagt und ihm auf den Bauch klopft, wenn er am Sonntag vor dem Mittagessen kommt.

Die Wirtin, sagt M1 und lehnt sich gegen das Auto, würde er rauchen, würde er sich vermutlich in diesem Moment eine Zigarette anzünden. Karl sagt: Morgen werde ich den Pfarrer befragen. Blödsinn, wir haben hier doch keinen Pfarrer mehr. Karl zuckt mit den Achseln und nickt, als M1 die Frau grüßt, die zuvor Flaschen entsorgt hat und jetzt an ihnen vorbeigeht. Sie trägt eine türkise Hose und einen schwarzen Fleecepullover.

Das ist, beginnt M1, diese Frau, was für ein Unsinn, den Menschen keine Namen zu geben, aber gut: Das ist eine Frau, die ihrer Freizeitgestaltung beraubt wurde, weil das Altstoffsammelzentrum privatisiert wurde. So, sagt Karl und tritt zurück, weil M1 ihm zu nahe gekommen ist. Ja, sagt M1. Wieso, werden Sie vielleicht fragen, hat sie dort gearbeitet, hat sie ihre Stelle verloren? Er spricht leise, Karl hat Schwierigkeiten, ihn zu verstehen. Die Frau sucht ein paar Meter von ihnen entfernt etwas in ihrer Tasche. Nun, würde ich auf Ihre Frage antworten, es verhält sich vollkommen anders. Diese Frau, darf ich wirklich keine Namen nennen? Nein, bitte nicht. Fünfzehn Jahre saß sie auf der Bank beim Altstoffsammelzentrum, und kam jemand, um etwas abzugeben, um etwas wegzuwerfen, wie andere sagen würden, durfte sie es zuerst durchsehen. Sie nahm sich, wofür sie Verwendung hatte, meistens Teller, manchmal auch Tassen. Sie müssen wissen, sie ist eine Sammlerin, wir haben hier in der Gegend einige, aber sie ist die bekannteste. Was sammeln sie? Mineralien, Servietten, Ansichtskarten, die üblichen Dinge. Und das Altstoffsammelzentrum? Wird nicht mehr von der Gemeinde betrieben und deshalb darf sie dort nicht mehr sitzen, sie stört den Ablauf, heißt es.

Das ist sehr interessant, aber ich bin hungrig, sagt Karl, lassen Sie uns darüber ein anderes Mal sprechen. Einen hungrigen Menschen unterbricht man nicht. M1 spricht jetzt wieder lauter und greift nach Karls Hand: Ich muss ohnehin nach Hause, meine Frau wartet auf mich. Aber kommen Sie bald vorbei, dann sprechen wir über alles, vielleicht findet sich ein Tag, an dem Sie nichts zu tun haben. Gern, sagt Karl und sieht M1 zu, wie er ins Auto steigt. Herr Hellmann, Sie haben sich diesen Ort ausgesucht, ruft er aus dem Fenster, dann fährt er los, bremst aber zwei Meter weiter gleich wieder, um abzuwarten, dass er vom Parkplatz in die Bundesstraße einbiegen kann. Jetzt müssen Sie auch damit zurechtkommen, hört Karl M1 sagen, aber der hebt nur die Hand zum Gruß, als er vorüberfährt.

Dreihundertvierundsiebzig Kilometer

Nur ab und zu ein Auto, das nahe im Hotel zu hören ist, die Zimmer sind der Autobahn abgewandt. Karl liest die Hotelinformationsmappe, er dreht den Fernseher lauter, auf dem ersten Programm läuft der Kanal der Autobahnraststation. *Woran denken Sie, wenn Sie das Wort Weihnachten hören?*, fragt ein weißhaariger Mann mit Blick in die Kamera, er trägt ein beiges Sakko und steht zwischen einem rot geschmückten Christbaum und einem Adventskranz, auf dem noch keine der roten Kerzen angezündet wurde. *Doch sicher an eine gemütliche Wohnung mit einem schönen Christbaum oder an die Weihnachtsfeier einer Firma oder eines Vereins.* Karl zieht die Schuhe aus, er stellt sie parallel zueinander neben das Bett, er schlüpft unter die Decke und hält die Fernbedienung in der Hand. An der Wand gegenüber hängt kein Bild, es ist hinter dem Bett angebracht, und Karl ist froh darüber, er hatte das Bild im Zimmer der Wirtin nach einer Woche heruntergenommen und im Schrank versteckt. *Und wer das alle Jahre genießen kann, bedauert natürlich jene Mitmenschen, die vor und zwischen den Feiertagen beruflich unterwegs sind, die tausende Kilometer auf der Autobahn zurücklegen müssen und keine Chance haben, sich in Festtagsstimmung zu bringen. Doch es gibt eine Lösung.* Die Stimme des Mannes klingt jetzt weniger betroffen und Karl dreht den Ton lauter, es kümmert ihn nicht, wer im Nebenzimmer ist. Er schlägt die Decke zurück, es ist heiß, er denkt: Ich mag die kalten Feiertage. Zu Weihnachten werden wir im Supermarkt in den Einkaufswagen schauen und streiten, ob der Inhalt für die Feiertage genügt. Wir werden mehr einkaufen, besser zu viel als zu wenig, siehst du, was die anderen alles haben, genügen die Eier, brauchen wir noch Milch?

Der Mann legt die Fingerspitzen aneinander, er spricht mit einer feierlichen Stimme: *Man kann sehr wohl an der Autobahn Weihnachtsstimmung aufkommen lassen, kann Weihnachtsköstlichkeiten probieren, kann Geschenke aussuchen und kaufen, kann sich so unterwegs auf den Heiligen Abend vorbereiten.* Die Stimme bekommt mehr Nachdruck: *Wenn man aber diese Chance wahrnehmen möchte, darf man nicht irgendwo Station machen, sondern man sollte eine unserer Raststationen betreten und sofort wird man in Weihnachtsstimmung versinken. Ich lade Sie ein, kommen Sie mit und genießen Sie mit mir dieses wunderschöne Ambiente.* Der Mann wird ausgeblendet, im Bild erscheint der Eingang der Raststation, ein grauer Tag, die Wiesen sind braun, eine kurze Pause, dann sagt der Mann: *Weihnachten an der Autobahn.*

Vierundzwanzig Tage, flüstert Karl, ich werde morgen bei Margit sein, auf das Datum kommt es nicht an, war es sie, die das sagte, oder Susanne, es ist schon so lange her, dass ihre Sätze zu Margit hinüberwandern, als ob es immer nur Margit gegeben hätte.

Aus dem Fernseher spricht mittlerweile der Inhaber der Raststation, er wirkt, als hätte er wenig Erfahrung mit Kameras. Die beiden Männer versuchen sich in einer möglichst ungezwungenen Unterhaltung über das Essensangebot, Rotkraut, eine Gans vom Grill, Königskrabben. *Ich habe mir gedacht,* sagt der Inhaber und zeigt auf das Buffet, *ich mache eine Überraschung, und habe diese Krabben eingekauft, die wir jetzt an allen Buffets unserer Raststationen an-*

bieten, mit Cocktailsauce oder Tomatensauce, Fische waren mir immer schon ein Anliegen. Der Mann nickt beeindruckt und Karl sieht die Wirtin, wie sie die Fischstäbchen auf den Tisch stellt. Er hört sie sagen: Ich mag Fisch, aber nur paniert. Recht so, rief Hirsch herüber, ich mag es nicht, wenn ich ihre Flossen sehe. Im Bild ist jetzt ein Regal voller Marmeladen, danach ein Kameraschwenk über die Schlüsselanhänger, der Inhaber sagt: *Man möchte manches Mal kleine Mitbringsel, kleine sympathische Geschenke mitbringen, ohne großartig viel Geld ausgeben zu müssen, aber doch, ein kleines Dankeschön von Herzen.* Dann schüttelt der weißhaarige Mann dem Inhaber lange die Hand, sie lächeln beide in die Kamera. *Ich wünsche Ihnen viel Erfolg mit dieser Weihnachtsidee.*

Aus der Wohnung von F2 roch es nach Fisch, auch wenn die Tür nur einen Spaltbreit offen war, es war ein Freitag und Mittagszeit.

So nicht

Entschuldigen Sie bitte, ich hätte eine Frage. Karl ist fest entschlossen, mit diesem Satz zu beginnen. Entschuldigen Sie, ich hätte eine Frage an Sie und ich komme aus eigenem Antrieb. Wie meinen Sie das?, fragt die Frau, die Tür hat sie nur einen Spaltbreit geöffnet. Ich möchte keine Spenden, mich schickt niemand, um Sie von etwas zu überzeugen oder Ihnen etwas zu verkaufen. Haben Sie keine Angst, es handelt sich um ein außergewöhnliches Projekt. Und was ist die Frage? Ob ich Ihnen mehrere Fragen stellen darf. Das ist ja wie mit der Insel, sagt die Frau nach einer Weile. Wie meinen Sie das? Die Insel, wenn ich gefragt werde, was ich mit auf die Insel nehmen würde, nein, es ist wie mit den Wünschen. Wenn Sie gefragt werden, was Sie sich wünschen würden, hätten Sie drei Wünsche frei und Sie wünschen sich zwei und der dritte wäre dann, unendlich viele Wünsche frei zu haben. Nein, so nicht, sagt die Frau und schließt die Tür vorsichtig, sie sperrt sie ab. Karl klingelt erneut, aber nichts geschieht.

An alle, die mich kennen

Eine Basis finden, hört Karl sich sagen, er mag seine Stimme nicht. *1. Eine Basis finden. 2. Eine Basis schaffen. 3. Worauf es ankommt, ist das Fundament.* Er drückt die Aufnahmetaste, dann spricht er mit möglichst tiefer Stimme:

Frau Anni und Frau Greti versuchen ihr Glück beim Quiz. Beide sind über siebzig und hören schlecht, es gilt, einen Einkaufsgutschein im Wert von hundertzwanzig Euro zu gewinnen. Frau Greti fragt, ob sie grüßen darf. Sie grüßt die Seniorenresidenz und alle, die mich kennen. Auch Frau Anni fragt, ob sie grüßen darf. Sie grüßt alle, die mich kennen. In meiner Unterkunft ist der Fernseher im Schrank versteckt, ich schaue die Brieflos-Show.

Versuch Nummer zwei

Weil ein Mal kein Mal ist, würde Karl sein Verhalten erklären, er würde sagen: So lange es nur ein Mal gewesen ist, kann von einem Versuch nicht die Rede sein. Das Sofa ist weich, er lässt sich zurückfallen und blickt auf das Kind, das neben ihm sitzt und malt. Karl überlegt, wie alt es ist, fünf, vielleicht acht, er ist schlecht in solchen Dingen, er hat Helmut erst später kennengelernt. Meine Mutter ist im Bad, sagte das Kind, als es Karl in die Wohnung ließ. Ich sollte gehen, dachte Karl, aber er schob den Gedanken weg und folgte dem Kind ins Wohnzimmer. Was zeichnest du?, fragt er jetzt, als es neben ihm auf dem Sofa sitzt. Dich. Ich habe keine grünen Haare. Das Kind malt weiter. Karl erinnert sich an Helmuts Angst am Sessellift, den Bügel nicht rechtzeitig öffnen zu können oder zu stürzen, mit dem Anorak am Bügel hängen zu bleiben und so wieder zurück, bergabwärts, gezogen zu werden. Es war auf ihrem ersten Ausflug, Margit hatte darauf bestanden, dass Karl mit Helmut den Berg hinauffährt, Helmuts Anorak war neongrün. Wenn du stürzt, helfe ich dir, sagte Karl, den Bügel öffne ich. Und wenn ich hängen bleibe? Dann schneide ich dich herunter. Schlagobersschnee, rief Karl, und Helmut fragte, was das sei. Karl zeigte hinunter, wo der Schnee unverspurt war, Helmut hielt sich am Sicherheitsbügel, während er schaute. Du hast eine Schere mit, falls ich hängenbleibe? Ja, das habe ich.

Grün ist eine schöne Farbe, du hast recht, früher waren meine Haare grün, sagt Karl, aber dann passierte der Unfall. Das Kind legt den Stift zur Seite und sieht ihn an. Ein Freund schüttete Limonade über meinen Kopf, sie verloren ihre Farbe. Das Kind sieht auf das Bild, es sagt: Mir fehlt Gelb für die Zähne. Du meinst, deine Mutter ist bald fertig?, fragt Karl und das Kind nickt. Ich male nur die Umrisse.

Bis zur Decke sind die Wohnzimmerwände mit Regalen verbaut, jede Menge Fotos, Handarbeiten und Gläser, am Tisch liegt das Fernsehprogramm. Karl möchte das Fenster öffnen, ihm ist heiß. Karl, hört er Margit schreien, während er sich umblickt. Was möchtest du einmal werden?, fragt er schnell, um ihre Stimme zu vertreiben, er kratzt sich am Ohr. Zirkusakrobatin, antwortet das Kind, möchtest du meine Kunststücke sehen? Das Kind klettert auf die Sofalehne und hält Karl seine Hand hin, aus dem Badezimmer ist ein Lachen und kurz darauf ein zweites zu hören. Komm herunter, flüstert Karl und wundert sich, dass das Kind ihm folgt. Karl Hellmann, du bist zu weit gegangen, du hast den Überblick verloren, den Überblick, die Richtung und die Distanz. Karl ist lange auf keinem Sofa mehr gesessen, er legt die Arme auf die Lehne hinter sich, er setzt sich aufrecht an den vorderen Rand. Allerheiligen fällt ungünstig, sagt er und steckt den kleinen Finger in sein Ohr, weil es nicht aufhört zu jucken und Margit nicht verstummt. Warum?, fragt das Kind. Weil es ein Feiertag ist, der auf einen Samstag fällt, gehst du schon zur Schule? Das Kind nickt: Rate, in welche Klasse. Eins B, sagt Karl nach einer Weile und das Kind fragt: Woher weißt du das, wer hat dir das gesagt? Karl hört ein lauteres Lachen als zuvor, er hört eine Tür, die geöffnet wird, und eine, die ins Schloss fällt, er flüstert: Erzähl deiner Mutter nicht, dass ich hier gewesen bin, ich besuche euch ein anderes Mal.

Was ist das, Hans

Am Gartentor überlegt Karl, ob er nicht umkehren sollte. Keine Kontakte aufbauen, erklärte er Margit, als sie fragte, warum er seine Fragen nicht im Jupiterweg stellen könne, unvoreingenommen sein, alles andere würde zu einem verfälschten Ergebnis führen. Karl stoppt, aber da grüßt M1 ihn schon. Hallo, ruft er aus dem Fenster, er schüttelt ein

Tischtuch aus. Störe ich? Nein, keineswegs, antwortet M1, bitte sehr, kommen Sie.

Hallo, wiederholt Karl, als er bei der Haustür angekommen ist, er streckt M1 die Hand entgegen. Lassen Sie nur, ich bin nicht der Bürgermeister, sagt der und tritt einen Schritt zurück, kommen Sie herein.

Sie wollten mir doch, beginnt Karl, als sie in der Küche stehen, Sie meinten, wenn es die Zeit erlaubt –, Karl unterbricht, als M1 mit der Hand in den Ofen greift und ein Stück Holz nach hinten schiebt, er macht es schnell und routiniert, danach schließt er die Ofentür wieder. Ist das nicht gefährlich?, möchte Karl fragen, aber er will nicht wie einer wirken, der keine Ahnung von Öfen hat, er sagt: Sie wollten mir doch von der Sammlerin erzählen, vom Altstoffsammelzentrum und allem anderen. M1 wischt seine Hände an der Hose ab und reagiert nicht. Erinnern Sie sich?, beginnt Karl wieder, am Supermarktparkplatz, es muss vorgestern gewesen sein.

Ja, antwortet M1 er nach einer Weile, die Karl viel zu lange vorgekommen ist. Vom Altstoffsammelzentrum. Er öffnet nochmals die Ofentür und bläst hinein. Aber vorher muss ich Holz holen, kommen Sie mit?

Die Holzhütte befindet sich hinter dem Haus. Karl ist erleichtert, wieder im Freien zu sein, in der Küche war es viel zu heiß gewesen. Übertreiben Sie es nicht mit der Wärme?, wollte er fragen, aber da hielt ihm M1 schon die Küchentür auf. Jetzt geht M1 in seinen Plastikpantoffeln voran durch die feuchte Wiese, er trägt einen Hut, auf dem eine blauschwarz gestreifte Feder befestigt ist. Der Reißverschluss seines Anoraks klemmt, er flucht leise.

So viel Holz, sagt Karl, Sie haben gut vorgesorgt. M1

schüttelt den Kopf und beginnt, Holz in eine Kiste zu schichten: Das wäre doch viel zu wenig. Nicht das, wir brauchen Hartholz, sagt er, als Karl ihm helfen will. Als Karl erneut nach dem falschen Holz greift, unterbricht M1 seine Arbeit und fragt: Sie haben keine Holzerfahrung? Woher kommen Sie, kommen Sie aus der Stadt? Karl greift schnell nach einem Stück Holz. Ich kann Ihnen leider dazu keine Auskunft geben. M1 flüstert: Sie haben sich die richtige Gegend ausgesucht. Wie meinen Sie das?, fragt Karl. M1 hebt die Kiste hoch: Ich kann Ihnen dazu keine Auskunft geben. Jedenfalls, man vergisst zu schnell, dass immer wieder der Winter kommt. Es ist wichtig, gut vorbereitet zu sein. Aber so viel Holz, denkt Karl und nickt.

Jetzt brauchen wir noch Anfeuerholz, sagt M1, er spricht laut und langsam. Dort, sagt er und zeigt zu einer anderen Hütte im Garten. Wie viele Hütten haben Sie?, möchte Karl fragen, aber er fürchtet, dass auch das die falsche Frage sein könnte. Stattdessen sagt er: Sie haben einen schönen Hut. Ich würde auch gern Hüte tragen, aber Margit meint, mein Kopf ist zu groß. Aber es gibt doch verschiedene Größen, sagt M1, hier, probieren Sie. Die Seiten des Hutes sind speckig, Karl hält ihn kurz auf seinen Kopf. Zu klein, sehen Sie. M1 nickt. Ich habe ihn von meinem Vater geerbt, jeden Tag hat er ihn getragen, nur in der Arbeit nicht. Ihr Vater war Tischler, wenn ich mich richtig erinnere. Sie merken sich das alles?, fragt M1. Karl weiß nicht, was er antworten soll. Mein Vater war Versicherungsvertreter, sagt er, er schnitzte gern. Schnitzen ist nicht tischlern. Ich weiß, aber mit Holz hat doch beides zu tun.

Wenn der Vater Ruhe suchte, ging er in die Werkstatt, wenn er sagte: An manchen Tagen sitzt einem die gute

Laune auf der Schulter, an anderen schlägt einem die schlechte ins Genick. War er schlechtgelaunt, betrat Karl die Werkstatt nicht, der Vater hämmerte und hämmerte und fluchte zwischendurch auf Jesus und Maria und die Welt im Allgemeinen, erst wenn die Hammerschläge langsamer wurden, ließ auch das Fluchen nach. Engelsfiguren schnitzte der Vater, manchmal auch Maria mit dem Jesuskind. Sein größtes Werk war eine lebensgroße Marienfigur, die Hände waren unterschiedlich groß geraten, aber der Vater sagte: Das tut nichts zur Sache, bei Heiligen kommt es auf die Äußerlichkeiten nicht so sehr an.

Wissen Sie, beginnt Karl und lächelt, aber M1 ist schon in der Hütte verschwunden. Achtung, ruft er, und wirft eine Axt heraus, das ist die falsche, mit der großen gelingt es nicht. Was?, fragt Karl. Wir müssen doch Anfeuerholz machen, wer hat die Axt hier weggegeben, Hilde ist gestern, immer – M1 kramt in der Hütte. Währenddessen wartet Karl neben dem Türstock, so dass er nicht in der Wurflinie ist. Er schaut auf einen weiteren Holzstoß, der mit Wellblech abgedeckt neben der Hütte steht. Wissen Sie, sagt er, als es ruhiger wird, es wäre besser, Sie sagen nur: meine Frau. Je mehr Namen ich kenne, desto schwieriger wird es für mich, die nötige Distanz zu halten.

M1 antwortet nicht, er flucht nur vor sich hin, während er die Hütte durchsucht. Wissen Sie, beginnt Karl erneut, ich möchte ein außenstehender, ein objektiver Beobachter bleiben und Beziehungen jedweder Art stehen der Forschung im Weg. Kann ich Ihnen helfen?, fragt er, als M1 eine Pappschachtel ins Freie wirft: Vier Augen sehen besser als zwei, vielleicht wäre es gut, wenn wir mehr Licht hereinlassen.

Ohne eine Antwort abzuwarten, greift Karl auf die Innenseite der Tür, aber er zieht seine Hand schnell wieder zurück, er schreit: Was ist das, Hans?

Haben Sie mich also Hans genannt, murmelt M1 und hält eine kleine Axt in der Hand, haben Sie sich für Hans entschieden: Ein Eichelhäherflügel, das sieht man doch.

Merke

Was Margit sagte: Man muss behutsam vorgehen, sonst stolpert das Herz.

Es fehlen die Flügel

Sie hacken Vögeln die Flügel ab?, fragt Karl, als sie wieder beide vor der Hütte stehen, M1 wirft die größere Axt zurück und verschließt die Tür. Nicht immer, antwortet er, manchmal verwende ich auch eine Gartenschere. Nicht immer, nur den toten und den schönen, was sollte ich mit einem Amselfügel? Karl sieht einem Vogel zu, der an einem Meisenknödel pickt, den Kopf nach unten gedreht. Ich verstehe, sagt er, um Zeit zu gewinnen, er möchte seine Hand waschen, aber M1 soll nicht denken, er ist einer, der mit den Gegebenheiten hier nicht zurechtkommt.

Als M1 das oberste Stück Holz aus der Kiste nimmt, wischt Karl seine Hand unauffällig an der Hose ab. Finden Sie oft tote Eichelhäher?, fragt er. M1 sieht ihn an, wieder mit diesem Blick, der etwas zu lange gerät. Er schweigt eine Weile, dann antwortet er: Der Eichelhäher ist kein guter Vogel, aber seine Flügel, diese blau-schwarze Bänderung, dieses

Himmelblau, fast stechend, leuchtend blau, eine Verschwendung für solch einen Vogel. Karl nickt und M1 legt das Holz auf den Hackstock, er spricht wieder langsam und laut: Die Fichte, sie stand dort hinten, bei Fichten gelingt das Spalten leicht.

M1 räumt das Anfeuerholz in die Kiste und Karl schaut in den Himmel. Von Faserwolken hat die Stimme aus dem Radio gesprochen, aber davon ist nichts zu sehen. Was für ein großer Garten das ist, denkt er, und daran, dass es Margit hier gefallen würde. Hier hätten wir viel Platz für Bäume, ich werde ihr bald davon erzählen. Margit, hier ist ein Mann, den Bäume genauso beruhigen wie dich, weniger die Blätter, vielmehr das Holz, aber mit Bäumen hat beides zu tun. Karl, das ist ein vollkommen anderer Zugang. Nein, man könnte sagen: Ein Baum wärmt lange, so oder so.

Als ob er über etwas Wichtiges nachdenkt, schaut M1 in den Himmel und Karl überlegt, ob er ihm beim Tragen der Holzkiste helfen soll, aber da stellt M1 sie ab und sagt: Kommen Sie mit, ich zeige Ihnen das restliche Holz.

Langsam nickt Karl bei jedem Stoß, er klopft zwei Mal auf das Holz und M1 wirkt zufrieden mit dieser Reaktion, weshalb sie Karl jetzt zum vierten Mal wiederholt. Das muss noch eine Weile liegen, bis es trocken ist, ich habe es vorigen Winter geschnitten. Machen Sie das alles allein?, fragt Karl und erschrickt, er wollte keine Fragen stellen. Aber M1 spricht freundlich weiter. Von seiner Frau erzählt er, die nicht in den Wald gehen möchte, die es nicht mag, wenn die Bäume fallen, aber ansonsten eine große Hilfe ist. Nur manchmal, flüstert M1 und schaut zum Gartentor, meint sie, dass es jetzt wirklich genug ist. Du hast das Holzalter erreicht, sagt sie dann, oder: Dich hat die Holzkrankheit gepackt. Die Holzkrankheit, das Holzalter? Männer jenseits der sechzig, antwortet M1 und schaut Karl an, aber es verhält sich nicht bei jedem so. Manchen genügt eine heiße Badewanne, dann schlafen sie ruhig.

Sehr schön, sagt Karl, als sie zu einem weiteren Holzstoß kommen, der sich außerhalb des Grundstückes befindet. Das Holz ist gerade geschlichtet und M1 schüttelt heftig den Kopf: Ein Holzstoß verrät, wie der Charakter des Besitzers ist. Der hier gehört dem Nachbarn, mit den Fingerspitzen tastet er ab, ob alles in einer Linie liegt, keinen Millimeter darf ein Scheit vom anderen abweichen. Wer auf diese Art und Weise mit seinem Holz umgeht, ist ein Perfektionist, einer, der sich keinen Fehler erlaubt. Aber sehen Sie sich mal die Rückseite an, dort wird er sein Holz nie in eine Linie bringen.

Ein Perfektionist, wiederholt Karl, als sie die Straße entlanggehen, um den letzten Holzstoß zu besichtigen. Und wie ist einer, der sehr viele Holzstöße besitzt? Vorausdenkend und treu, antwortet M1 ohne zu überlegen, er lächelt.

Also, sagt M1, als sie wieder im Garten angekommen sind, Karl setzt sich neben ihn auf die Bank vor dem Haus. Folgende Dinge sollten Sie sich merken: Holz hält sorgenfrei. Es macht einem nichts vor, man sieht, wie lange man noch hat. Holz wärmt neun Mal: Wenn man den Baum fällt, wenn man das Holz ablängt, beim Spalten, Stapeln, wenn man es in ofengroße Stücke zersägt, erneut spaltet und stapelt, wenn man eine volle Kiste Holz ins Haus trägt und zuletzt, wenn es im Ofen verbrennt. Hat man einen Tag lang Holz gemacht, kann er nicht schlecht gewesen sein.

Karl nickt und M1 schnäuzt sich in ein Stofftaschentuch. Dass er lange niemanden mehr gesehen hat, der ein solches verwendet, überlegt er, doch, im Vorjahr, beim Begräbnis eines Kollegen, wem hatte dieses Taschentuch gehört, da sagt M1: Aber Sie sind doch gekommen, um über das Altstoffsammelzentrum zu sprechen, was möchten Sie wissen? Das Altstoffsammelzentrum, wiederholt Karl, ich weiß es nicht mehr. Aber Sie sind doch deshalb hier. M1 faltet das Taschentuch und steckt es in seine Jackentasche. Herr Hellmann, könnte es sein, dass Ihnen langweilig ist?

Ich hatte einen Misserfolg, beginnt Karl. Wo sind Sie gewesen?, fragt M1 und Karl wundert sich, dass er sofort weiß, wovon er spricht. Er sieht das Kind, das im Vorzimmer stand und den Zeigefinger auf seine Lippen legte, bevor er die Tür zuzog. Sie wissen, sagt Karl, eigentlich, aber ich habe die Adresse hier. Karl, das verstößt gegen die Regeln, hört er Margit flüstern, als er den Zettel aus der Jackentasche zieht, du richtest dir die Regeln, wie es dir gefällt. Er schüttelt den Kopf: Hier. M1 hält das Papier nahe ans Gesicht, er nickt, das könnte schwierig werden. Haben Sie es in der Schule versucht? In der Schule? Sie arbeitet im Sekretariat, fragen Sie dort noch einmal nach. Meinen Sie? Ja, bestimmt.

Währenddessen schlüpft M1 aus seinem Plastikpantoffel, um einen Stein herauszuholen. Das ist ein Nachteil, wenn man im Freien Hausschuhe trägt, sagt Karl. Das sind keine Hausschuhe, im Haus trage ich andere. Ein schwarzes Auto biegt um die Kurve, es wird langsamer und parkt vor dem Gartenzaun, eine Frau holt etwas aus dem Kofferraum. Das muss seine Frau sein, denkt Karl, aber M1 hebt nur kurz die Hand zum Gruß, sie geht zum anderen Haus. Dort hätte es beginnen sollen, denkt Karl, und winkt zurück, als sie sich noch einmal umdreht und ruft: Hast du einen Holzfreund zu Besuch?

In Kronen

Ich sehe den Bäumen zu, wie sie ihr Laub verlieren und Krähen statt Früchte tragen. Margit, man könnte hier Vögel von den Ästen pflücken, wäre man groß genug. Der Eichelhäher ist der Polizist des Waldes, wie kommt er mit seinem schlechten Ruf zurecht. Ich sehe den Bäumen zu, wie sie Krähen tragen. Und wieder und wieder lese ich ein Wort, dem ich nur hier begegnet bin: Hundekotentsorgungszwang.

Günther zu den Kapernbeeren

Das Bild hängt schief, Karl überlegt, warum er bislang daran vorbeigegangen ist, ohne es bemerkt zu haben. Er versucht, den Rahmen in die Ebene zu bringen, aber er verrutscht gleich wieder, der Rahmen ist staubig, golden und dünn. Karl geht nahe an das Bild heran, die Wirtin telefoniert in der Gaststube, sie spricht laut ins Telefon. *Acht Personen,* flüstert er in sein Diktiergerät, er hält es nahe an den Mund: *An dem Nagel ist eine getrocknete Blume befestigt, sie verdeckt einem Mann das Gesicht.*

Karl trägt an diesem Tag die rote Multifunktionsjacke, sie raschelt, wenn er sich bewegt, er spricht: *Von links nach rechts, Mann mittelalt, zwei junge Männer, einer hinter der Blume versteckt. In der ersten Reihe: Frau jung, Kind sehr jung, Frau alt, Frau jung, die der Wirtin ähnelt.*

Wie es gewesen sein könnte, denkt Karl und geht einen Schritt nach vorn, warum drei Männer ihre Hände auf Frauenschultern legten: Die alte Frau sagte: Ordnen wir uns nach Geschlechtern an, Männer, stellt euch hinten hin, legt die Hand hierhin. Welche Seite?, fragte einer. Links, sagte sie. Das Kind griff nach dem Rock der Mutter, weil es Angst vor den Verwandten hatte, die es nur an Feiertagen sah.

Karl tritt einen Schritt zurück, er schaut noch einmal auf das Bild, dann steckt er das Diktiergerät in die Tasche und geht nach oben. Ich werde nicht bei Margit sein, um mit ihr zu den Gräbern gehen. Karl stolpert über eine Stufe, fängt sich aber gleich wieder. An Allerheiligen werde ich allein im Frühstücksraum sitzen, ich werde an Margit denken, die Gestecke kauft und Bilder von Toten in Gläser schließt.

Ich möchte keine Toten am Gang, sagte Karl, als Margit begann, Gläser mit Fotos zu füllen und auf der Kommode aufzustellen. Auf den Bildern leben sie noch, antwortete sie. Es war keine Reihenfolge zu erkennen, warum der Großvater rechts außen war und Erika links, Margit sortierte weder nach Familienzugehörigkeit noch nach Größe oder Ursprungsbestimmung der Gläser. Margit, kannst du das nicht anderswo. Sie verschränkte die Arme, Karl sagte: Ich habe Angst vor den Fotos, dass nur noch diese Bilder bleiben. Margit ließ sich nicht davon abbringen: Der Großvater in das Marmeladen-, die Großmutter in das Honigglas, die Großeltern väterlicherseits zu den Gurken, Erika zu den Oliven, Günther zu den Kapernbeeren.

Karl schließt sein Zimmer auf. Ich werde an Margit denken, die im Sommer ein Foto ihrer Mutter in ein Einmachglas steckte, der Deckel war mit glänzenden Silberzwiebeln bedruckt, ein Foto, auf dem die Mutter noch jünger war.

Margit schraubte den Deckel fest zu, sie hielt das Glas zwischen ihren Händen, sie sagte: Sie mochte Eingelegtes, und: Alles blüht so grausam weiter.

Margit, ich weiß

Ich weiß, dass es unangenehm gewesen sein muss, allein zu deinem Bruder zu fahren und ihnen gegenüberzusitzen und das Essen zu loben und das alles zu erklären, ja. Ja. Und am Grab zu stehen und die Nachbarn zu treffen und die Fragen. Margit, ich weiß, bitte verzeih, ich hätte Bescheid geben sollen, aber ich kann noch nicht, nein, ja, ich wäre. Bitte hör auf damit. Gab es wieder Kalbsbraten? Nein, was dann?

Versuch Nummer drei

Und damit zurück in unsere Welt, sagt der Nachrichtensprecher und Karl kehrt um. Dass es besser gewesen wäre, zuerst das Radio auszuschalten und dann die Schuhe anzuziehen, denkt er, als er auf Zehenspitzen zurück ins Zimmer geht, dass auch Zehenspitzen Schmutz hinterlassen. Hast du darüber schon einmal nachgedacht?, fragt Gottfried jedes Mal, wenn er zu Besuch ist, wohin du mit deinen Straßenschuhen getreten bist? Es klebt weit mehr auf den Schuhen als auf den Händen. Aber die Schuhe sind am Boden, würde Margit sagen, müde von dem Gespräch, das sie nicht zum ersten Mal führen, ich stecke sie doch nicht in den Mund, du kannst sie ruhig anbehalten, hier im Jupiterweg stört uns das nicht. Jupiterweg, was für ein blöder Name. Die

Namen wurden von der Gemeinde vergeben und hier ist das Planetenviertel. Man hätte es beim alten System belassen können, der Ortsname plus eine Hausnummer, das hat doch niemanden gestört. Wir sind zu viele geworden. Weil ihr die Gründe zu billig verkauft habt. Wir haben keine Gründe verkauft. Du weißt, wen ich meine.

Jedes Mal schüttelt Margit über Gottfried den Kopf, sie behält weiterhin die Schuhe in der Wohnung an. Spießig, sagt sie manchmal, wenn Karl seine vor der Wohnungstür auszieht, und dann: Wenn du so schaust, bleibt eine Falte zurück, schau nicht so.

Karl greift auf die Stelle zwischen seinen Augenbraunen, er dreht das Radio ab und geht zurück zur Tür. Währenddessen kontrolliert er die Unterlagen in der Tasche: Fragebogen, Diktiergerät, zwei Stifte, er nickt zufrieden und blickt in den Spiegel, er reibt an seinen Augen, da fällt ihm die Heizung ein. Karl geht wieder zurück ins Zimmer, um den Heizkörper abzudrehen, er setzt sich kurz aufs Bett, um zu überprüfen, ob er seine Schuhbänder fest genug gebunden hat, er mag es nicht, sie auf der Straße erneut binden zu müssen, weil er Angst hat, nicht mehr hochzukommen, wenn der Schmerz in den Knien sticht, was selten vorkommt, aber manchmal doch. Jetzt aber, sagt Karl, was meinte M1? Manchmal braucht es hier mehrere Begegnungen, um Vertrauen zu fassen. Aber das wissen Sie als Forscher bestimmt, das wird sich auch anderswo ähnlich verhalten. Ich wünsche Ihnen für Ihr Gespräch viel Glück.

Jetzt aber, wiederholt Karl und steht auf. Dass er mit den Sohlen aufgetreten ist, bemerkt er erst, als er die Tür hinter sich zuzieht.

Man könnte von einer Aufregung sprechen, denkt Karl und atmet tief ein. Guten Tag, sagt er, als er die Tür zum Sekretariat öffnet, und tritt gleich darauf ein. Was wollen Sie?, fragt F2 und schaut kurz vom Bildschirm hoch. Tatsächlich, sie arbeitet hier, denkt Karl und hustet. Es riecht nach Kaffee, eine Buntnessel lässt ihre Blätter hängen.

Entschuldigen Sie bitte, sagt Karl, ich möchte Sie nicht bei der Arbeit stören, aber ich möchte Sie fragen, ob Sie es sich vielleicht anders überlegt haben, ob Sie mittlerweile zu einem Gespräch bereit wären? F2 schaut ihn eine Weile an, dann sagt sie: Sie sind der Mann von der Tür. Haben Sie mich vorhin nicht erkannt?, fragt Karl, entschuldigen Sie, dass ich hereingekommen bin, ohne mich vorzustellen, das Wiedererkennen beruht nicht immer auf Gegenseitigkeit, ich bin heute auch anders gekleidet, ich trage keine Jacke. Was wollen Sie?, unterbricht ihn F2 und schaut auf die Uhr an der linken Wand.

Rechts ist die Wand mit einem Schrank verbaut, die Türen sind verschlossen und Karl denkt: Ich weiß, dass auch in Ihrem Wohnzimmer kein freier Blick auf die Wände ist. Er räuspert sich: Wie gesagt, ich möchte mich erkundigen, ob Sie heute bereit wären, mit mir über Ihr Leben zu sprechen. Es dauert nicht lange, eine Stunde, vielleicht zwei, ich möchte die Zufriedenheit und die Lebensbedingungen der Menschen hier erheben, das letzte Mal bin ich nicht dazu gekommen, Ihnen davon zu erzählen.

Und warum ich?, fragt F2. Sie wurden mittels Zufallsprinzip für die Studie ausgewählt, wir arbeiten nach einem besonderen System, um einen möglichst repräsentativen Querschnitt des Ortes zu erhalten.

Nur hier?, unterbricht ihn F2. Der Kopierer läuft an und erst jetzt bemerkt Karl das Gerät in der Ecke und die Frau daneben, die ein Buch auf die Kopierfläche hält, den Deckel hat sie nicht geschlossen. Ich beginne hier, antwortet Karl und grüßt die Frau am Kopierer mit einem Kopfnicken, es werden weitere Orte hinzukommen. Ich bin nicht von hier, sagt F2. Aber das ist doch egal. Nein, sagt F2 und schaut wieder auf den Bildschirm, wenn Sie eine Erhebung von hier machen möchten, müssen Sie Menschen fragen, die von hier sind. Wie lange leben Sie schon hier? Siebenundzwanzig Jahre. Bitte, Karl geht einen Schritt nach vorn, siebenundzwanzig Jahre sind lang genug. F2 schüttelt den Kopf: Ich werde nie von hier sein. Zur Frau am Kopierer sagt sie: Will er nicht? Doch, doch, es dauert nur.

Karl sucht etwas in seiner Aktentasche, er findet eine Packung Kaugummi und er überlegt, wie er sich verhalten soll, er erinnert sich an einen Kurs, von dem ihm Margit erzählt hat, sie plante, ihn im kommenden Jahr zu besuchen, wenn er noch angeboten werden würde. *Wer fragt, der führt! Die typischen und atypischen Fragetechniken: Wann soll wie gefragt werden? Typische Fragefehler in der täglichen Praxis.* Wenn das Kursbuch im Briefkasten liegt, ist Margit den ganzen Abend damit beschäftigt, es zu lesen, fünfhundertvierundzwanzig Seiten waren es dieses Jahr. So viele Möglichkeiten, sagt sie dann, mit Filzstift umrandet sie, was ihr interessant erscheint.

Gehen Sie auf Ihr Gegenüber ein, wiederholt Karl in Gedanken, er hustet, er fragt: Warum? Weil kein Geld für einen neuen vorhanden ist, antwortet F2, seit Jahren druckt er schlecht. Jetzt, sagt die Frau und zeigt auf die Zettel, die aus dem Kopierer kommen. Wenn Sie den Deckel schließen, druckt er besser, sagt Karl, aber die Frauen hören ihn nicht, weil es in diesem Moment an der Tür klopft. Zwei

Schülerinnen kommen herein. Mein Kopf, sagt die eine, die andere wartet stumm neben ihr. Eine Tablette?, fragt F2 und die Schülerinnen nicken. Aber gleich schlucken, sagt F2 und Karl sieht der Frau am Kopierer zu, wie sie die Zettel ordnet. Brauchen Sie mich noch, fragt F2, aber vielmehr sagt sie es. Falls Sie es sich anders überlegen, sagt Karl und schreibt seine Telefonnummer auf ein Stück Papier, bitte.

Vorsichtig schließt Karl die Tür und gleich darauf öffnet sie die Frau, die vorhin neben dem Kopierer stand. Sie gibt zu viele Tabletten aus, flüstert sie, als sie neben Karl den Gang entlanggeht, sie sagt: Ein interessantes Vorhaben, wie weit sind Sie schon? Am Anfang, antwortet Karl. Er denkt an Margit und daran, dass er sich bald dazu entscheiden muss, welchen Kurs er ihr dieses Jahr zu Weihnachten schenkt. In den vergangenen Jahren schrieb Karl auf eine Karte: *Gutschein für einmal Kurs. Kuss Karl* Aber dieses Jahr soll es anders werden, dieses Jahr soll Margit sagen: Karl, du hast dir etwas Gutes überlegt. An den Holztüren der Klassen hängen verschiedene Zeichnungen, Karl geht schnell daran vorbei. Er hört eine hohe Lehrerstimme, er hört Kinder, die durcheinandersprechen, die Frau neben ihm redet lauter. Von zu großen Klassen hört er sie erzählen, von zu großen Unterschieden, von dem Lärm, der ihr abends in den Ohren liegt, zehn bis vierzehn, dieses Alter, von den angenehmen Klassen und dem einen Schüler darin, der alles durcheinanderbringt, von dem Kollegen, der seit Monaten im Krankenstand ist, und seinen Stunden, die sie alle übernehmen müssen. Ich war gern Lehrer, sagt Karl, er hört Margit lachen.

Als sie im Treppenhaus angekommen sind, schaut Karl aus dem Fenster auf den asphaltierten Innenhof, ein Mann überquert ihn, er trägt eine braune Werkzeugtasche und geht schnell. Ich verstehe, sagt Karl, als die Frau eine lange Pause macht. Gut, dann kommen Sie übermorgen vorbei. Nach der vierten Stunde, elf Uhr fünfzig, ich warte vor dem Sekretariat auf Sie. Sie schüttelt ihm zum Abschied die Hand, Karl bedankt sich. Übermorgen zehn vor zwölf, ich freue mich.

Wenn du an etwas anderes denkst, bist du abgelenkt, ich merke das an deiner Stimme, Karl, wenn du nicht zuhörst. Karl, jetzt hör doch endlich zu, konzentriere dich. Margit, ich weiß, ich versuche es, ich bin mittendrin, ein guter Zuhörer zu werden.

Bei fünf beginne ich

Auch Frau Anni fragt, ob sie grüßen darf. Sie grüßt alle, die mich kennen. In meiner Unterkunft ist ein Fernseher im Schrank versteckt, ich schaue die Brieflos-Show, hört Karl sich sagen. Jahre sind das gewesen, denkt er, Tage, die Jahre waren. Er drückt den roten Knopf, er liest die Sekundenanzeige, die am Bildschirm erscheint. Bei fünf beginne ich, denkt er, bei sechs sagt er: *Also, Folgendes: Wenn man unvorhergesehen in eine Situation gelangt, ist man viel zu schnell mittendrin. Am Fluss am Meer, dort, wo ein Seitenarm in ihn mündet, schließe ich die Augen und höre dem Rauschen zu. Ein Stück abwärts, auf Höhe der Schule, liegt ein Verkehrsschild im Wasser: Verbot für Fahrzeuge aller Art. Daran führt mein Weg vorbei.*

Es wäre sehr freundlich gewesen, mit mir zu sprechen, aber wir können den Ablauf nicht ändern, die Interviewten werden nach einem strengen System ausgewählt. Karl stellt die Kürbisse und die Kerze auf den Nebentisch und bemerkt das Loch in der Tischdecke, das sie verdeckt haben, er breitet seine Zettel vor sich aus. Aus der Küche sind Geräusche zu hören, weswegen Karl sich über den Tisch lehnt und durch die offene Tür schaut. Die Wirtin sucht etwas, sie steht dazu auf der Küchenarbeitsplatte und hält sich an der Außenkante des Regals.

Karl setzt sich vorsichtig, um keinen Lärm zu machen, er möchte nicht, dass die Wirtin sieht, dass er sie beobachtet hat. Annemarie freut sich, er schiebt sie ein Stück zur Seite, weil sie seine Notizen vom Tisch zu wedeln droht.

Wer weiß, vielleicht wird ein späterer Zeitpunkt der richtige sein, sagte Karl ins Telefon und überlegte, ob F2 in diesem Moment neben der Lehrerin sitzen und das Gespräch mitverfolgen würde. Bestimmt, sie hat sie doch zum Telefon geholt. Die Frau von gestern, hatte F2 gefragt, mit der wollen Sie jetzt sprechen? Es würde uns freuen, wenn wir dann auf Sie zurückkommen könnten, sagte Karl, auf Wiedersehen und vielen Dank.

Aus der Küche ist ein Rumpeln zu hören, Annemarie streckt sich und gähnt. Ein Hund kam in die Küche, denkt Karl, er pfeift die Melodie, und stahl dem Koch ein Ei. Mit einem karierten Geschirrtuch über der Schulter betritt die Wirtin kurz darauf den Raum, sie grüßt Karl, aber sie erkundigt sich nicht, warum er so viele Zettel vor sich ausgebreitet hat. Da nahm der Koch ein Messer und schlug den

Hund entzwei. Karl mag es, dass die Wirtin in den richtigen Momenten keine Fragen stellt, obwohl er nicht sicher ist, ob er in diesem Moment nicht doch lieber gefragt werden möchte. Sie pfeifen gut, sagt sie, und nimmt ihren Platz hinter der Bar ein.

Ich pfeife gut, aber ich singe schlecht, sagt Karl. Jeder hat seine Talente, antwortet die Wirtin: Ich tanze nicht, ich trinke nur. Sie richtet die Knöpfe ihrer Bluse. Das kenne ich, sagt Karl und ordnet die Zettel in die Mappe. Was meinen Sie?, fragt die Wirtin und dreht am Lautstärkeregler des Radios. Die Bässe klingen dumpf. Ein schöner Klang, sagt Karl, bitte versprechen Sie, dass Sie noch lange Zeit keine neue Anlage kaufen. Dafür ist ohnehin kein Geld vorhanden, möchten Sie etwas trinken? Einen Kaffee, bitte. Ohne Milch und mit Zucker? Karl nickt. Sie sind eingeladen.

Nachdem Karl die Mappe neben sich auf der Bank abgelegt hat, holt er die Dekoration zurück auf den Tisch. Die Wirtin stellt die Tasse ab und setzt sich zu ihm. Dass nächste Woche Gäste kommen werden, sagt sie, sie flüstert fast, ein Anruf, heute Vormittag. Mehrere? Ein Ehepaar, sie bleiben zehn Tage. Warum?, fragt Karl und will die Frage gleich wieder zurücknehmen. Weil ich Zimmer vermiete.

Die Wirtin streicht mit der Hand über ihren Mund, und Karl tut es ihr nach, weil es ein verstecktes Zeichen sein könnte. Davon hat ihm Margit erzählt, sie sprach von Spiegelneuronen und davon, dass diese hilfreich sein könnten, wenn Karl Milch- oder Bierschaum am Bart klebt. Achte auf dein Gegenüber, es kann sein, dass es dir Zeichen setzt.

Es hätte sein können, dass es einen besonderen Anlass gibt, sagt Karl nach einer Weile. Danach frage ich nicht, sagt die Wirtin, sie werden ihre Gründe haben, sie waren schon einmal hier. Vielleicht zum Skifahren?, fragt Karl. Sie haben noch keinen Schnee gemacht, das wissen Sie doch, und es sieht nicht danach aus, dass es kalt genug wird, das Wetter soll freundlich bleiben. Aber wenn es dieses Jahr schneien wird, werden sie drüben erstmals Schnee in Depots einlagern, für nächstes Jahr ist dann rechtzeitig vorgesorgt. In Depots?, fragt Karl, die Wirtin nickt. Zum Saisonende wird der verbliebene Schnee unter dem Gipfel zusammengeschoben, dort kommt wenig Sonne hin. Mit Vlies abgedeckt möchten sie ihn über den Sommer bringen, es müssen hohe Hügel sein, damit der Sonne wenig Angriffsfläche bleibt. Achtzig Prozent werden im Herbst noch vorhanden sein, es wird für alle besser planbar werden, sie müssen nicht auf Kälte oder Schneefall warten. Da kann Frieda noch so viel mit ihrer Pflanze vorhersagen. Wir alle müssen von der Natur unabhängiger werden, sagte die Tourismusobfrau.

Karl spürt das Telefon in der Hosentasche vibrieren, er hebt nicht ab. Herr Hellmann, Sie sollten spazieren gehen, solange die Sonne noch scheint, Annemarie begleitet Sie gern. Vor dem Haus ist ein Auto zu hören, es klingt, als ob es einparkt. Das wird die Post sein, sagt die Wirtin und duckt sich.

Dreihundertvierundsiebzig Kilometer

Hier ist kein Schlaf zu finden. Karl steht auf, um nachzusehen, ob die Zimmertür tatsächlich abgesperrt ist. So weit hat sie mich gebracht, denkt er auf dem Weg ins Vorzimmer, und daran, dass es ungewöhnlich ist, sich vor Postboten zu fürchten. Der Postbote kam nie herein, aber Annemarie bellte jedes Mal, wenn er in die Nähe des Hauses kam. Ihr Bellen klang müde und schwach, danach, wenn sie ihre Aufgabe erledigt hatte, rollte sie sich wieder auf dem Boden zusammen. Herr Hellmann, könnten Sie zur Tür gehen? Ein Gespensterkabinett, sagt Karl und schüttelt den Kopf, um die Stimme der Wirtin zu vertreiben.

Es ist abgesperrt, Karl schließt die Tür zum Vorraum, er legt sich zurück ins Bett, das Licht lässt er an. Es ist ungesund, mit Licht zu schlafen. Im Falle einer Angst ist es das nicht, hallo Margit, ich liege in einem großen Bett und fürchte mich. Karl. Du hast das Bild über dem Bett nicht gesehen. Karl, mach das Licht aus. Du hast den Rezeptionisten nicht gesehen. Karl, das ist ein schönes Zimmer, etwas in die Jahre gekommen, aber mit einiger Sorgfalt renoviert, du hast an schlimmeren Orten übernachtet, mach die Augen zu, schlaf, morgen wird der See zu sehen sein.

Karl sucht die Zimmerdecke ab, es ist kein Rauchmelder montiert. Er überlegt, aufzustehen und im Vorraum nachzusehen, aber er lässt es sein und schließt die Augen. Es war im Urlaub vor zwei Jahren gewesen, dass sie von einem Feueralarm geweckt wurden. Nie zuvor und nie danach hörte Karl ein so lautes Geräusch. Margit war nicht aufgestanden, sie drehte sich weg von der Tür und sagte: Das ist bestimmt ein Fehlalarm. Karl schaute durch den Türspion, er sah die Frau aus dem Nachbarzimmer mit wirren Haaren über den Gang gehen und hörte ihren Mann schreien: Sie haben doch gesagt, wir sollen auf den Zimmern bleiben, Hannelore, wir befinden uns in einer Sicherheitszone. Ich glaube denen nicht, sagte die Frau, die meinten vor drei Tagen schon, es gäbe morgen wieder Kuchen am Frühstücksbuffet.

Dieses Knistern der Heizung, ab und zu ein Gluckern, die Temperatur ist nicht regulierbar und Karl schlägt die Decke zurück, obwohl er sie über den Kopf ziehen möchte, damit ihn das Licht nicht stört.

Margit hatte recht gehabt, sie konnten auf den Zimmern bleiben, Margit hatte die Situation richtig eingeschätzt. 2:37 liest Karl auf der Anzeige unter dem Fernseher, er dreht sich auf den Bauch und legt das Polster auf den Kopf. Um zwölf Uhr muss ich das Zimmer verlassen haben, aber ich werde früher fahren. Sobald es hell ist, werde ich ins Auto steigen, dann komme ich rechtzeitig vor dem Mittagessen bei meiner Margit an. Ich werde müde aussehen, aber vielleicht bemerkt sie es nicht, sie wird aufgeregt sein. Margit würde es hier gefallen, Margit würde sagen: Ich mag Hotelbettwäsche, ich mag es, wie frisch sie riecht.

Jede Stunde wacht Karl auf und schaut aus dem Fenster, der Berg nimmt mehr und mehr Gestalt an. Wenn ich könnte, würde ich sie alle wegsprengen, hört er M2 sagen, dann käme auch im Winter die Sonne durch. Sie haben doch Sonne hier. Die Sonne habe ich im Heizraum, und manchmal im Herzen, aber im Winter kommt sie am frühen Nachmittag nicht mehr über den Berg.

Karl sieht auf die Uhr, es ist fünf Uhr dreiundzwanzig, er zieht den Vorhang zu. Ein bisschen noch, denkt er, und dass er mit Margit in den Süden fahren sollte, wenn alles erledigt ist.

Hier wird es niemals kalt

Was haben Sie da auf dem Unterarm?, fragt Karl. Das hier?, fragt M2 und hält den rechten Arm zu Karl hinüber. Nach dem Konzert hat er auf meinem Arm unterschrieben, ich hoffe, es hält lange, ich hatte einen wasserfesten Stift mitgebracht. Karl nickt, weil er möchte, dass M2 das Lenkrad wieder mit beiden Händen hält, er fährt zu schnell, aber M2 ist nur damit beschäftigt, seinen Pullover ein Stück weiter hochzuschieben, das Lenkrad steuert er mit den Knien.

Hier, hören Sie, sagt er, nachdem Karl die Unterschrift lange genug begutachtet hat, und dreht lauter, diese Stelle mag ich sehr, kennen Sie die? *Der Himmel öffnet eine Tür, wann immer wir zwei uns berühren.* Wissen Sie, wie es weitergeht?, fragt er und stoppt die Musik. Karl schüttelt den Kopf, Achtung, will er sagen, die Straße, schauen Sie auf die Straße, wenn Sie fahren.

Aber M2 summt und wird nicht langsamer, als sie sich einer Hofdurchfahrt nähern, rechts geht es steil bergab, die Fahrbahn ist so eng, dass zwei Autos schwer aneinander vorbeikommen. Ein paar Hühner laufen weg von der Straße, auch eine Katze, sie sammeln sich bei den Obstbäumen auf der anderen Seite. Dreißig, sagt Karl dann doch etwas zu laut und M2 schaltet auf den fünften Gang. Das Schild hat er selbst gemalt, das hier ist eine Straße ohne Geschwindigkeitsbeschränkung und die Hennen sollten ohnehin im Stall sein, es dämmert bereits.

Wissen Sie, wie es weitergeht?, wiederholt M2 und Karl schüttelt erneut den Kopf, er sieht zwei Hausenten vor einem Holzstoß, eine schlägt mit den Flügeln. Folgendermaßen: *Ich liebe diesen Augenblick, den kleinen Hauch vom großen Glück*, singt M2, aber das Lied kennen Sie? M2 hält das Lenkrad wieder mit beiden Händen, den Kopf lehnt er gegen den Sitz. Sind Sie müde?, will Karl fragen, er sucht nach dem Haltegriff über der Tür, aber der ist abmontiert oder abgefallen, das Auto ist alt.

Das Konzert ist gut gewesen?, fragt er stattdessen und M2 nickt. Ich habe die ganze Nacht kaum geschlafen. Drei Stunden pure Emotion, sagt M2, wenn ich ihn höre, kommen mir die Tränen. Karl rückt den Fragebogen auf seinem Schoß zurecht. Musik ist ein wichtiger Bestandteil Ihres Lebens?, fragt er und M2 sagt: seine Musik. Eines Tages, wenn ich genug Zeit und Geld habe, möchte ich ihm auf jedes seiner Konzerte folgen, ich kenne Leute, die machen das, sie sind zu dritt in einem Auto unterwegs, sie hätten noch Platz für mich. Bei jeder Konzerthalle begrüßen sie ihn, sie sind stets vor ihm da, und sehen sie den Bus um die Ecke biegen, winken sie, die Fahrerin nickt ihnen zu. Sie warten dann etwas abseits, bis der Bus eingeparkt ist, meistens sind die Bereiche von der Straße abgesperrt. Zuerst ist immer die Fahrerin zu sehen, aber irgendwann muss auch er hinaus, an manchen Tagen wirkt er müde und seine Haare sind zerzaust, aber er grüßt jedes Mal, wenn er sie warten sieht.

Sie müssen wissen, M2 streicht seine Haare zurück. Sie müssen wissen, er kennt mich schon und lächelt jedes Mal, wenn er mich von der Bühne aus sieht. Ich besuche zwei bis drei Konzerte pro Jahr. Karl schaut aus dem Fenster, die Häuser sind wieder mehr geworden, vor einer Garage parkt ein Auto ein. Die meisten kommen später nach Hause, sagt M2 und winkt dem Mann, der aus dem Auto steigt. Das Schlimme am Winter ist, dass es dunkel ist, wenn man das Haus verlässt und dunkel, wenn man es wieder betritt. Aber mich betrifft das nicht mehr, ich habe einen anderen Tagesablauf. Wo arbeiten Sie?, fragt Karl. Im Sicherheitsdienst, früher in der Baubranche, aber lassen Sie uns nicht darüber sprechen, am schönsten ist die Arbeit, wenn sie erledigt ist. Mit der linken Hand sucht M2 etwas im Seitenfach des Autos. Hätten Sie vielleicht ein Kaugummi? Danke.

Karl überlegt, ob es eine gute Idee gewesen war, die Strategie zu ändern und Personen anzusprechen, ohne vorher das Telefonbuch zu fragen. Margit weiß nichts davon, Margit hat den Überblick verloren, sie weiß nicht, wie das alles ist: Wie es war, als die Wirtin mit den Schultern zuckte, als Karl erzählte, dass F2 nicht mit ihm reden möchte, als er von der Lehrerin sprach und die Wirtin sagte: Die meisten hier sind längst vergeben, fragen Sie Veronika, Rosemarie oder Elisabeth, und Karl erklärte, dass das erstens nicht ginge, wenn sie ihm vorher die Namen nennt, und dass es zweitens nicht darum ginge, weil er zu Hause seine Margit hat, und die Wirtin ihn ein bisschen zu lange anschaute und dann zu ihren Karten ging, sie mischte an diesem Abend besonders laut. Karl sperrte die Zimmertür drei Mal ab.

In der Fleischhauerei saß M2 allein auf der Eckbank, Karl hatte ihn zuvor vom Verkaufsraum aus beobachtet. Ist hier noch frei?, fragte er und M2 nickte nur, weil er gerade in eine Semmel gebissen hatte. Ich bin gleich weg, sagte er noch im Kauen und Karl überlegte, woher ihm der Mann bekannt vorkam. Er dachte: Jetzt gilt es schnell zu sein.

Karl erzählte von seinem Vorhaben, von den anderthalb Stunden, die sie benötigen würden, um die Fragen durchzunehmen, und davon, dass alles vertraulich behandelt werden würde. M2 aß die Semmel, er knabberte zuerst die Wurst ab, die an den Seiten herausschaute. Als er fertig war, trank er einen großen Schluck aus der Limonadendose, die vor ihm stand, er rülpste und hielt dabei die Hand vor den Mund: Sie sind mir schon die ganze Woche aufgefallen, Sie sehen nicht aus wie ein Urlaubsgast. Karl lächelte, er fragte: Möchten Sie? M2 wischte die Hand an der Hose ab und hielt sie Karl hin: Um fünfzehn Uhr bin ich wieder hier.

Nachdem er das Kaugummipapier im Seitenfach verstaut hat, beschleunigt M2 wieder und Karl hält sich fest. Noch drei Minuten, dann sind wir da. Anstrengend ist es, sagt M2, während Karl die Straße fixiert und schweigt. Im Vorjahr sprang mir im Bierzelt einer in den Rücken, ich spüre das heute noch. Dass ich besser aufpassen hätte sollen, meinten manche, aber du siehst nicht, wer von hinten kommt. So etwas mache ich nicht mehr, sagte ich, seitdem kam kein Auftrag dieser Art, aber wenn es so sein soll, kannst du nichts machen, dann musst du hin. Manche Kollegen tragen Waffen, aber ich lehne das ab. Ich lehne das ab, weil es die Leute aggressiver macht und weil man sich die Waffen selbst besorgen muss: Elektroschocker, Schlagstock, Pfefferspray. Am liebsten ist mir ohnehin die Einlasskontrolle, wir kontrollieren die Tickets, wir durchsuchen Taschen, manchmal kleben wir den Gästen auch Bänder um das Handgelenk.

Hunderte Bänder, sie haben die Stempel ersetzt. Sie können sich nicht vorstellen, wie verschieden Handgelenke sind. Am besten, Sie legen den Zeigefinger hierher, M2 greift hinüber zu Karl, dann wird das Band nicht zu eng. Hunderte Einlassbänder, wenn Sie nach so einem Abend die Augen schließen, sehen Sie nur noch Handgelenke.

Beim zweiten Haus in der Straße stellt M2 das Auto ab, die Fassade ist gelb gestrichen, an der Tür hängt ein Kranz. Bitte die Schuhe anlassen, sagt M2 und geht schnell voran. Hier liegt die Schwiegermutter, flüstert er und öffnet die Wohnzimmertür, das Glas in der Tür zittert dabei. Hallo, bist du wach, sehr schön, ich habe einen Herren mitgebracht. Warten Sie hier, sagt M2 und deutet auf das Sofa, ich wasche mir noch schnell die Haare.

Als er die Tür schließt, ist wieder das Glas zu hören und Karl sagt: Ich hätte Angst, dass bei einem Windstoß, wenn die Tür zufällt, dass das Glas nicht hält. Die Schwiegermutter nickt, sie liegt auf einem Pflegebett, das Rückenteil ist aufgestellt, sie hat den Kopf zu Karl gedreht und die Hände auf der Bettdecke übereinandergelegt. An der Aufrichthilfe hängt eine Klingel, sie ist mit schwarzem Klebeband an einer Schnur befestigt, die an den Triangelgriff geknotet ist.

Karl hat das Gefühl, erzählen zu müssen, als die Schwiegermutter beginnt, Falten von der Bettdecke zu streichen. Margit, meine Frau, mag solche Schnüre gern, sagt er und deutet zur Klingel. Sie riechen nicht gut, aber sie sind sehr praktisch bei der Gartenarbeit, es lässt sich damit allerhand befestigen, auch Kletterpflanzen kann man damit eine Rankhilfe bieten. Dieses Jahr hatten wir Sternwinden und Duftwicken, ich mag es, wenn es blüht. Wir haben keinen großen Garten, wir wohnen im Erdgeschoss eines Mehrparteienwohnhauses, vier Meter in der Länge und drei Meter in der Breite, aber das reicht uns vollkommen. Sternwinden, Duftwicken und Hortensien, nicht alle Pflanzen gedeihen gleich. Das mag am Wetter liegen, der Erde oder der Düngung, ich weiß es nicht. Wir düngen wenig, den Kaffeesatz bekommen sie und manchmal die Reste unserer Fingernägel, Flüssigdünger ist nur für die Märkte gut, sagt Margit, meine Frau.

Karl hört Schritte über sich, er hört eine Frauenstimme, die wütend klingt, und eine Tür, die laut geschlossen wird. Lassen Sie mich überlegen, welche Pflanzen wir dieses Jahr noch hatten, beginnt er. Die Mutter sagt etwas, aber Karl versteht sie nicht. Er wartet eine Weile, dann erwidert er: Genau. Sie sieht ihn lange an, sagt wieder etwas, das Karl nicht versteht. Ja, antwortet er, es gefällt mir hier sehr gut und ich freue mich, wenn der Sommer wieder kommt, dieses Wetter. Die Mutter seufzt und macht eine abwehrende Bewegung mit der Hand. Dann schweigen sie beide. Karl denkt darüber nach, ob dort, wo der Boden heller ist, früher ein Sofa stand.

Hattet ihr euch nichts zu sagen?, fragt M2 und lacht, die Schwiegermutter atmet laut ein und aus, sie sagt etwas und deutet mit ihrem Kopf zur Kommode links neben dem Bett. M2 greift nach dem Block und dem Stift. Sie muss das Sprechen erst wieder lernen, flüstert er, aber manchmal ist es gut, wenn man nicht mehr alles versteht, was sie sagt. M2 lacht und Karl nickt: Ein schönes Haus haben Sie. Das habe ich alles selbst gemacht. Die Schwiegermutter schüttelt heftig den Kopf, sie hält Karl den Block hin und macht eine Kopfbewegung in Richtung M2, Karl liest die zittrige Schrift:

Haare sind sehr wichtig. Darüber: *Möchte Cola trinken. Bitte geh.* Karl lächelt und gibt ihr den Block zurück, sie hakt den Satz ab wie die anderen darüber. Wollen wir uns in die Küche setzen?, fragt M2, dort haben wir einen Tisch, Sie benötigen zum Schreiben bestimmt eine Unterlage.

Bitte sehr, sagt M2 und schenkt Karl Wasser ein, wir hätten auch Holundersirup. Karl wischt über den Fragebogen, er ist fleckig vom gestrigen Einkauf, ein Joghurt war in der Tasche ausgelaufen. Ein Fleck verfälscht das Ergebnis nicht, denkt er und M2 streicht seine Haare zurück, bevor er trinkt. Beginnen wir?, fragt er, meine Frau wird bald wach. Sie leben hier zu dritt?, fragt Karl und hält die Unterlagen auf dem Schoß, er will nicht, dass M2 mitliest. Sie können ruhig den Tisch verwenden. Nein, ich schreibe immer so. Wie Sie meinen. M2 macht eine Pause. Wo waren wir, ja, wir leben hier zu dritt, unsere Kinder sind weg, die Mutter ist da, wir haben sie zu uns geholt, es ist genügend Platz vorhanden. M2 fährt mit dem Zeigefinger die Unterschrift auf seinem Arm nach. Eine Woche wird sie halten, vielleicht auch zwei, tätowieren möchte ich sie, aber das erlaubt sie nicht. Immer sagt sie: hier nicht. Hier nicht und mit mir nicht, kennen Sie das?

Karl schreibt mit, er notiert: *Die Unterschrift ist bereits leicht verblasst. Die Augen sind braun.* Margit, ich werde mich nicht mehr an den Fragebogen halten, es ist wichtiger, was rundherum passiert: *Dunkelbraune Haare, der Ansatz etwas heller, der Scheitel ist gerade in der Mitte gezogen, die Frisur bis zu den Ohren lang.* Was schreiben Sie da?, hört er M2 fragen, er antwortet nicht. Was möchten Sie wissen?, fragt M2. Alles, sagt Karl, alles, was Ihnen wichtig ist. Ich dachte, Sie haben einen Fragebogen. Wir erheben auch die unmittelbare Umgebung, sie spielt eine große Rolle im Leben eines Menschen. Gut, wenn Sie meinen, ich zeige Ihnen gern das Haus.

Küche, schreibt Karl: *Braun, die Fliesen einen Farbton heller, zwei Gläser Heidelbeerjoghurt, ungekühlt auf der Arbeitsfläche, im Obstkorb braun gefleckte Bananen. Braun* unterstreicht Karl zwei Mal. Kommen Sie, unterbricht ihn M2. Im Wohnzimmer liegt die Schwiegermutter, das haben Sie gesehen, da gehen wir jetzt nicht hinein. Hält sie sich nur in diesem Raum auf?, fragt Karl. Manchmal stelle ich sie auf den Balkon, aber kommen Sie weiter, bitte. Das untere Badezimmer ist in Grün gehalten, das obere in Blau, wir mögen Farbvielfalt. *Ein brauner Hase als WC-Bürstenhalter, ein Ohr umgeknickt,* notiert Karl, er kommt bald nicht mehr dazu, mitzuschreiben, weil M2 ihn so schnell durch die Zimmer führt: Hier, die zwei Kinderzimmer, und hier, M2 öffnet die Tür zum Schlafzimmer einen Spalt, hier ruht Lore, flüstert er.

Im Bett liegt eine Frau, den Arm über den Kopf, die Haare sind kurz und rot gefärbt. Darüber hängt ein gerahmtes Foto an der Wand: eine Frau mit Dauerwelle in einem üppigen weißen Kleid, der Schleier bis zum Boden, ein Strauß Rosen in der Hand, und M2, der sie über eine Blumenwiese trägt, die Haare schön geföhnt. Karl nickt, er möchte Lore nicht wecken. Neunundachtzig, sagt M2, dreißigster Mai Standesamt und einunddreißigster Kirche. Schön, antwortet Karl, der Mai bringt den Sommer nahe, was ist in diesem Zimmer? Das ist nicht wichtig, sagt M2 und hält die Tür zu. Kommen Sie, ich zeige Ihnen meinen liebsten Raum.

Vorsichtig steigt Karl hinter M2 die geschwungene Treppe nach unten, sie ist zum Geländer hin so schmal, dass es besser ist, auf Außenseite zu gehen, was Karl stört, weil er lieber nahe dem Geländer bleibt. Damals, im gemeinsamen Haus mit Susanne, war er zu oft ausgerutscht, auf dieser Treppe aus Holz, auf der in Wollsocken kein Halt und ohne Socken keine Wärme zu finden war. M2 geht voran, der Kragen seines Pullovers ist noch nass vom Haarewaschen zuvor, Karl möchte das aufschreiben, aber er hat zu große Angst vor dem Fallen.

So, bitte, sagt M2, als er die Tür aufschließt, den Schlüssel hat er zuvor aus seiner Hosentasche gezogen und gleichzeitig zu erzählen begonnen: Dass er sich diesen Raum von Anfang an wünschte, dass er bereits beim Bau des Hauses wusste, das soll nicht nur ein Heizraum bleiben, aber dann kamen die Kinder und der Kredit und die Arbeit war zu viel.

M2 zieht die Tür hinter sich zu, er macht das Licht nicht an, Karl erkennt nur Umrisse und M2 spricht weiter, schnell und leise, Karl versteht ihn kaum: Und wir hatten andere Dinge gehabt, die wichtiger waren, die dringender angeschafft werden mussten, wie wir sagten. Aber ich träumte und jedes Wochenende stand ich hier und dachte daran, wie gut es einmal werden wird. Mit dem Rauchen hörte ich auf, und vom Geld, das ich dadurch sparte, kaufte ich die Einrichtung, die Tapete hatte mein Bruder übrig. Es riecht ein bisschen nach Öl, aber am Hafen kann einem das auch passieren, nicht? Das hier ist meine Insel, sagt M2 nach einer Pause und macht das Licht an.

Karl blickt auf das Meer, das an die eine Wand tapeziert ist, auf die drei Plastikpalmen davor und den Liegestuhl, auf eine weiße Bar mit blauen Hockern, das Dach ist aus Stroh. Das muss Jahre gedauert haben, sagt er und M2 nickt, es ist immer noch nicht fertig, aber es ist noch Zeit. Damals, als wir einzogen, sagte ich: Bis zur Pension soll der Raum hier fertig sein. M2 zeigt auf den Boden: Ich hätte so gern Sand, aber sie erlaubt es nicht, der beige Teppich ist ein Kompromiss, aber ich muss ihn jedes Mal verstecken, wenn die Rauchfangkehrerin kommt, brennbares Material, nicht erlaubt. Während M2 den Kopf schüttelt, schaut Karl immer noch auf das Meer. Das Wasser ist türkis, in der Ferne ist eine Insel zu sehen. Als sie in den Jupiterweg zogen, hatten ihnen Margits Arbeitskolleginnen eine Fototapete geschenkt. Margit rollte die Bögen aus, sie sagte nur: Wenn ich in den Wald möchte, gehe ich hinaus. Wir werden sagen, du hast sie falsch angebracht.

Dort in der Ecke habe ich den Boiler hinter einem Paravent versteckt, M2 berührt Karl am Arm: Man könnte sich dort umkleiden, wenn man möchte. Karl nickt und beobachtet M2, wie er durch den Raum geht, wie er die Blätter der Plastikpalmen auf Staub kontrolliert. Anfangs habe ich es mit Yuccapalmen versucht, aber es kommt zu wenig Licht herein. Sonnenlicht, wenn ich hier bin, ist es niemals finster. Wissen Sie, ich mag die Wärme, hier wird es niemals kalt.

Neben dem Liegestuhl sieht Karl eine Zeitschrift, er erkennt nicht, welche es ist. Dreißig Grad, hört er M2 sagen, wenn ich den Heizstrahler einschalte, wird es richtig warm, wie im Süden, ich brauche das. Möchten Sie ein Bier, möchten Sie eine Limonade? Eine Limonade bitte, antwortet Karl, und M2 nickt, eine gute Wahl. Bitte, nehmen Sie Platz, seien Sie mein Gast. Er schiebt den Barhocker ein Stück nach hinten und dreht ihn zu Karl hin. Im Winter komme ich oft schon mit dem Frühstückskaffee herunter, ich brauche die Wärme, zehn Minuten, und der Tag wird gut. Heizstrahler benötigen viel Strom, sagt Karl. Aber einer doch nicht, antwortet M2. Andere heizen ganze Wohnungen mit Strom, murmelt er und gießt ein Glas so voll, dass es übergeht. Nachtstrom, sagt Karl. Strom ist Strom, antwortet M2, ich kenne da keinen Unterschied.

Hat Lore einen Rückzugsraum?, fragt Karl, als sie beide einen großen Schluck getrunken haben, die Gläser sind mit Palmen bedruckt, die Strohhalme sind gelb. Sie hat das Haus, antwortet M2 und zeigt zum Fenster: Dort fehlt noch etwas, ein Schiff wäre schön. Ein Schiff? Ja, ein Schiff aus Holz, in Blau und Weiß. M2 hebt vorsichtig das Glas und trinkt einen Schluck. Ich denke schon lange darüber nach, kein Spielzeugschiff, ein richtiges, ein großes Schiff, in dessen Innerem man sich verstecken könnte, wenn man möchte. Vielleicht später, sagt M2 nach einer Weile, ein Schiff braucht viel Zeit. Kennen Sie den Fleischverkäufer?, fragt Karl, er träumt auch davon, ein Kapitän zu sein. Ein Kapitän, wiederholt M2 und schüttelt den Kopf: Sie haben mich falsch verstanden. Mein Schiff wäre nicht für das Wasser gemacht. Karl schaut auf die Uhr. Es ist spät geworden, sagt er, hier vergisst man die Zeit. Warten Sie, ich hole den Schlüssel, ich bringe Sie zurück.

Die Tür fällt laut ins Schloss und Karl geht durch den Raum, er befühlt die Blätter der Plastikpalmen, er stellt sich auf die Zehenspitzen, um aus dem Fenster zu sehen. Hinter einem Strauch zeichnet sich die Straße ab, es ist zu dunkel, um zu erkennen, was für ein Strauch es ist. Auf Zehenspitzen versucht Karl, das Fenster zu öffnen, es gelingt ihm nicht. Er holt seinen Fragebogen und begutachtet den

Kühlschrank hinter der Bar. *Limonade und Bier*, notiert er. Danach setzt sich Karl auf den Liegestuhl und schaut gegen die Decke. Als M2 die Tür öffnet, zuckt er zusammen. Jetzt wissen Sie, was ich meine, sagt M2, während sich Karl langsam im Liegestuhl aufrichtet. Hören Sie das Blubbern in den Rohren?, fragt er und lächelt, wie im Hafen. Karl nickt, M2 hält ihm die Tür auf: Kommen Sie, wir gehen hier hinaus. Schöne Garage, schöne Blumen, sagt Karl. Die sind alle aus Plastik, so halten sie lange.

Hier vorne links, sagt Karl, als sie sich der Unterkunft nähern. In der Gaststube brennt Licht, das schnell erlischt, als sie auf den Parkplatz fahren. Kein Wunder, dass niemand mehr kommt, murmelt M2, als Karl die Autotür öffnet. Karl bedankt sich und wirft die Tür zu, er wartet, um M2 zu winken, wenn er wendet. Er öffnet noch einmal das Fenster, er schreit: Ich habe heute zu viel gesprochen, das nächste Mal erzählen Sie, und Karl winkt.

Als Karl die Tür öffnen will, hört er, wie die Wirtin sie von innen versperrt, er rüttelt und klopft: Hier ist Hellmann. Sie sind es, flüstert die Wirtin, sie öffnet die Tür einen Spalt und schaut über den Parkplatz, ehe sie ihn hereinlässt. Wenn so kurz vor der Sperrstunde Autos auf den Parkplatz fahren, muss man schnell sein, damit keiner hereinkommt. Aber, beginnt Karl, die Wirtin geht vor ihm in die Gaststube, wo das Radio läuft: Hat so spät jemand Platz genommen, geht er so schnell nicht mehr hinaus, möchten Sie noch etwas zu trinken? Der Herr hat mich nur nach Hause gebracht. Polreich?, fragt die Wirtin, was wollten Sie dort? Karl hält sich die Ohren zu.

Und ihr putzt euch nur

Wenn nichts gelingt, ist es besser, man lässt den Tag gewesen sein. Wie es raschelt, wenn Hühner sich schütteln. Margit, es ist besser, die Fragen einzuhalten. Um das Haus bin ich gegangen, habe an die Fenster geklopft, M1 war nicht zu sehen, nur die Hennen der Nachbarin waren da. Ich habe die Augen geschlossen, ich habe ihnen zugehört. Ich sagte: Margit geht nicht ans Telefon, M1 ist nicht zu Hause und ihr, ihr putzt euch nur.

Es fliegt ein Clown vorbei

Hat es geschmeckt?, fragt die Wirtin, sie wischt den Vorraum mit einem Besen, um den ein Handtuch gewickelt ist, das aussieht wie jene, die Karl auf seinem Zimmer hat. Karl kratzt sich am Kopf, seine Finger zittern, als er sie ausstreckt. Kaffee oder Kreislauf, würde Margit dazu sagen, er hat ihr fünf Sprachboxnachrichten hinterlassen, die letzte kürzer als die davor. Karl sieht auf das Handtuch, es ist ein wenig heller als jenes auf seinem Zimmer und hat ein Loch, aber das gleiche Muster. Von seinem Zimmer hat er zuletzt gesprochen, als er noch bei den Eltern lebte, sein Zimmer, das waren ein schmales Bett und ein großer Kasten, in dem die Mutter die Wintersachen verstaute. Das war der Raum, für den er sich bis zum Schluss einen Schlüssel gewünscht hatte, und die Tapete hinter dem Bett, die kleine Risse hatte, in denen er an Sonntagnachmittagen mit dem Fingernagel kratzte, aber nur leicht, damit die Risse nicht zu groß wurden.

Wie jeden Tag hat es geschmeckt, sagt Karl und steckt die Hände in die Hosentaschen, vielen Dank. Die Wirtin lehnt den Besen gegen die Tür. Ist Ihnen keine Veränderung aufgefallen? Karl schaut auf das Bild an der Wand, er sucht ein Taschentuch, um Zeit zu gewinnen, und zuckt dann mit den Schultern. Die Wirtin hat heute eine strenge Stimme, woher das an manchen Tagen kommt, weiß er nicht. Die Butter ist nicht mehr die von früher, sagt sie, ich habe mir ein neues Konzept überlegt, Sie bekommen sie jetzt vom großen Block geschnitten, für die Marmelade habe ich kleine Schüsseln gekauft, wir werden in Zukunft auch beim Plastik sparen. Gut so, antwortet Karl, er denkt: Wer ist wir? Praktisch ist es nicht, fügt die Wirtin hinzu, es bedeutet einen großen Mehraufwand, hätten Sie jemals im Restaurantfachbetrieb gearbeitet, dann wüssten Sie, in der Gastronomie bleibt wenig Zeit für Umweltschutz, es bedeutet eine besondere Kraftanstrengung. Sie greift nach dem Besen und Karl schaut wieder zum Bild an der Wand: Ist das Ihre Familie auf dem Foto? Die Wirtin kommt näher, sie zieht den Besen hinter sich her. Fragen Sie wegen Ihrer Studie? Karl weiß nicht, ob es besser wäre, mit dem Kopf zu nicken oder ihn zu schütteln, da sagt sie schon: Ich wische noch, dann sprechen wir.

Häuser halten länger als die Menschen darin, sagt die Wirtin und verschränkt die Hände ineinander. Das Radio läuft auf gewohnter Lautstärke, Karl sitzt auf der Bank, die Wirtin auf dem Stuhl, Annemarie schläft unter dem Tisch. Das Foto liegt zwischen ihnen auf dem Tisch, die Wirtin fährt mit dem Zeigefinger die Köpfe nach. Solche sind das. Solche?, fragt Karl, er überlegt, ob er die Tischdecken erwähnen sollte. Sie sind rot statt gelb, eine weiße Überdecke liegt darauf, die Kürbisse sind geblieben. Ob das alles mit der Ankunft der neuen Gäste zu tun hat, von welchem Tag hat die Wirtin gesprochen, wird es morgen sein? Sie dreht das Foto zu ihm hin, sie räuspert sich: Das ist meine Mutter und das ist mein Vater, sie stehen nicht nebeneinander, weil wir uns nach Geschlechtern getrennt aufstellen sollten, der Fotograf meinte, das wirke ordentlicher, Zusammengehörigkeiten könnten dadurch ausgedrückt werden, dass die Männer die Hände auf die Schultern ihrer Frauen legen, man müsse nicht mehr paarweise zusammen stehen. Das sei seit einiger Zeit nicht mehr üblich, sagte er. Er sagte: Männer stellt euch hinten hin. Welche Zusammengehörigkeiten?, fragt Karl? Das hatte meine Mutter auch gefragt. Liebeszusammengehörigkeiten, antwortete der Fotograf und wir fragten nicht weiter. Was sagen Sie zum Hintergrund, wir hatten uns für den Blauton entschieden, weil wir fast alle blaue Augen haben, nur der Mann der Schwester nicht. Dass die Männer hinten stehen, müsse größenbedingt so sein, sagte der Fotograf. Die Mutter nahmen wir in die Mitte und der Fotograf sagte, ich weiß es noch genau: Die Frauen sollen herzlich sein. Eins, zwei, drei, es fliegt ein Clown vorbei. Also lächelten wir, obwohl wir alle hungrig waren.

Die Wirtin hustet, entschuldigen Sie, jedes Mal im Herbst, wenn Gäste kommen. Das ist die Aufregung, sagt Karl, die Wirtin nickt und schaut nicht vom Foto auf. Von hinten links, zuerst die Männer: der Mann der Schwester, der Vater, mein damals künftiger und jetzt ehemaliger Mann. Deshalb haben Sie ihn mit der Blume verdeckt? Die Wirtin spricht lauter: Von vorne links, jetzt kommen die Frauen: die Schwester mit Kind, die Mutter und ich. Wir waren hungrig, weil es schon zu lange kein Essen gab, wir trugen unsere schönsten Kleider, das Foto war anlassbedingt, meine Schwester zog nach Mexiko, sie wünschte es sich so. Mexiko?, fragt Karl, die Wirtin nickt. Sind Sie dort gewesen? Sie schüttelt den Kopf. Mein Vater hatte Würste im Auto, aber die waren zu weit entfernt, mein Vater nahm auf jede längere Reise Würste mit, und das war jede Strecke, für die er mehr als eine halbe Stunde benötigte. Wir kamen erst auf dem Heimweg dazu, sie zu essen. Der Vater saß am Steuer und hatte eine Wurst im Mund. Achtung, schrie die Mutter, als uns ein Reisebus entgegenkam, und er erschrak, er zuckte zusammen, bevor er zu schimpfen zu begann. Ich weiß nicht, wie es zwei Wochen später gewesen ist. Mein Vater war ein ungeduldiger Autofahrer und meine Mutter hatte keinen Führerschein. Ungeduld ist ungesund, denkt Karl, er denkt an Margit, wie sie diesen Satz sagte, und greift auf seinen Oberschenkel, um zu fühlen, ob das Telefon tatsächlich nicht vibriert. Er beginnt mit dem linken Fuß zu wippen, zuerst langsam, dann immer schneller. Als sie zwei Wochen später aufbrachen, um das Foto zu holen, hatte mein Vater zuvor gesagt: Ich esse schon jetzt, man weiß nicht, was kommt. Die Mutter war neben ihm gestanden, sie wiederholte: Beeile dich, sonst sperrt er zu. Der Nachbarsohn überholte in einer unübersichtlichen Kurve, es war nicht das erste Mal.

Solche sind das: die ein Foto wollen und dann nach Mexiko verschwinden, die ein Foto holen und nicht mehr zurückkommen. Jetzt wissen Sie auch darüber Bescheid. Sie sind nervös, sagt die Wirtin und drückt mit der rechten Hand Karls Oberschenkel auf die Bank, mit der linken greift sie nach dem Zuckerpäckchen, das auf der Untertasse liegt. Nein, vielleicht der Kaffee, sagt Karl, das war schon der vierte und es ist noch nicht einmal Mittag. Die Wirtin zieht ein Taschentuch aus der Packung, die neben ihr liegt, und haucht gegen das Bild, ehe sie beginnt, darüberzuwischen. Das ist eine traurige Geschichte, sagt Karl, das tut mir leid. Sie haben das Ende noch nicht gehört. Nein, sagt Karl, er möchte zurück auf sein Zimmer, er möchte Margit anrufen und nicht der Wirtin dabei zusehen, wie sie in eine Stimmung kippt, die keine gute ist, zum Glück trinken wir nur Kaffee. Aber das bringt das Fragen mit sich, dass Türen geöffnet werden, hinter die man nicht blicken möchte, das werde ich Margit auf die Sprachbox sprechen, vielleicht wird sie neugierig, vielleicht hebt sie ab. Die Wirtin haucht wieder gegen das Bild und wischt mit der anderen Seite des Taschentuchs darüber. Das verschwindet nicht.

Hinter dem Zaun

Wir tragen doch Handschuhe, das tut nicht weh. Sie werfen die Zweige einfach hinter den Zaun, dort, hinter dem Holzstoß, habe ich den Draht aufgebogen, da gehen Sie durch und sehen dann gleich, wohin es soll.

Für die Zweige haben Sie keine Verwendung?, fragt Karl, aber M1 schüttelt nur den Kopf und startet die Motorsäge, fünf Mal zieht er an der Schnur, bis er flucht und sie zu Boden wirft. Schon wieder, schreit er und läuft zur Gartenhütte, immer nimmt er sie und bringt sie so zurück. Er? Der Nachbar, Sie möchten doch keine Namen wissen. Ich darf die Tür nicht offen lassen, jeden Tag absperren, es stimmt, was Hilde sagt. Karl räuspert sich, er sieht M1 zu, wie er einen Schlüssel aus der Hosentasche zieht und die andere Hütte aufschließt, die Tür aufstößt, der Flügel an der Innenseite wackelt.

Karl wartet im Freien, er sagt: Es steigert das Wohlbefinden, wenn man der Nachbarschaft vertraut. M1 schüttelt wieder den Kopf, als er aus der Hütte kommt und niederkniet, um die Kanister aufzuschrauben. Wir sollten längst begonnen haben, es soll nicht dunkel werden, aber wenn er wieder kein Öl und kein Benzin nachgefüllt hat. Heute sieht man den Flügel gut, unterbricht ihn Karl, er fragt: Helfen Sie sich öfter gegenseitig aus? Wer? Der Nachbar und Sie, es ist doch so, dass die nachbarschaftlichen Verhältnisse schlechter werden. Bei uns im Jupiterweg wohnen neuerdings welche, die so schnell vom Auto zur Haustür gehen, dass wir sie nicht einmal grüßen können, nur Zobl ist es einmal gelungen, aber der entkommt man nicht. Als ob sie flüchten würden, sagt Margit jedes Mal, alle Rollläden ziehen sie herunter, sobald es dämmert. Ihre Katzen tragen magnetische Halsbänder, damit nur sie durch die Katzenklappe ins Haus kommen, aber ein Kater folgt den beiden so dicht, dass auch er hineingelangt. Die neuen Nachbarkatzen sind rot, der Kater ist schwarz, Margit mag sie alle nicht.

Zuerst füllt M1 Öl in die Kettensäge, dann Benzin: Wir leihen uns nichts, er kommt und nimmt sich, was er braucht. Und bringt er die Sachen wieder zurück? Ja, aber Sie sehen ja, wie. So, jetzt sollte es funktionieren. M1 schraubt die Kanister zu und stellt sie zurück in die Hütte. Haben Sie, beginnt Karl, aber M1 unterbricht ihn: Herr Hellmann, die Zeit ist knapp, wir sind nicht zum Reden hier. Wenn Sie helfen möchten, zuerst die größeren Zweige dort hinter den Zaun, für die kleineren steht ein Rechen hier, aber das machen wir erst zum Schluss, wenn der Baum liegt und geschnitten ist.

M1 startet die Säge erneut, und Karl geht fünf Schritte zurück. Kann es sein, überlegt er, könnte es damit zu tun haben? M1 war in der Arbeitskleidung vor die Haustür gekommen, als Karl die Gartentür öffnete, er sagte: Herr Hellmann, heute fällen wir ihn. Das schaffen Sie an einem Tag? Zu zweit wären wir schneller, antwortete M1 und Karl nickte: Ich habe ohnehin nichts vor, wenn Sie möchten, helfe ich. Kommen Sie mit Ihren Fragen so gut voran?, fragte M1 und Karl wiederholte schnell: Ich helfe sehr gern.

Fünfzehn Minuten später standen sie neben dem Baum, Karl in M1s Hose und Jacke, die Hose war zu kurz. M1 lachte: Schön sind Sie nicht, aber dem Holz ist das egal. Er zog den Handschuh aus und streckte Karl die Hand entgegen: Wir könnten jetzt wirklich, ich bin Hans oder Georg, ich freue mich, dass du mir hilfst. Ich freue mich, antwortet Karl, aber es ist besser, wir belassen es, wie es ist. Die Forschung, Sie wissen, ich möchte hier nicht zu sehr eingebunden sein.

Der erste Ast fällt und der zweite, bald zählt Karl nicht mehr mit. Er zieht Äste und Zweige durch den Garten, beim ersten Mal fühlt er sich kräftig, beim zweiten Mal auch, beim dritten Mal kommen ihm die Zweige, die neben dem Baum auf der Wiese liegen, von denen immer mehr zu Boden fallen, schon viel zu viele vor, beim achten Mal spürt er seinen Rücken und die Arme vom Werfen, weil der Stoß hinter dem Zaun immer höher wird. Eine Pause machen, würde Karl spätestens zu diesem Zeitpunkt vorschlagen, erholen wir uns kurz, Margit, lass uns Kaffee trinken, wenn der Anfang getan ist, erledigt sich der Rest ganz von allein, aber M1 sieht nicht aus wie einer, der Pausen macht. Er umrundet den Baum, er blickt zuerst in Richtung Gartenhütte, dann hinüber zur Garage und zuletzt zum Haus. So muss er fallen, sagt er und zeigt auf das Stück Wiese zwischen Gartenhütte und Garage. Können Sie das entscheiden?, möchte Karl fragen, und: Wie machen Sie das?, aber M1 hat die Motorsäge wieder gestartet. Karl läuft zum hinteren Ende des Gartens, zwei Zweige in der Hand, dort beobachtet er aus sicherer Entfernung, was passiert. Wann weiß ich, dass ich weit genug entfernt bin? Wenn du dich sicher fühlst, lass dir Zeit, sagte Margit, warte ab, du wirst es vielleicht anders sehen. Ich bin mir sicher. Karl, sagte Margit, aber er öffnete den Deckel der Altpapiertonne und warf seine Unterlagen hinein: die Bücher, die Hefte, die Vorbereitungen. Ich möchte mit der Vergangenheit abschließen. Schade, sagte Margit, da steckt so viel Arbeit drin.

Haben Sie Angst, schreit M1, als er die Motorsäge wieder abgestellt hat und sich die Hände an der Hose abwischt, es ist noch lange nicht so weit, ich bereite nur vor. Seinen grauen Pullover hat er hochgekrempelt, die Haube so über den Kopf gezogen, dass die Ohren frei sind. Ich fürchte mich nicht, antwortet Karl, ich räume nur auf, sehen Sie, hier hinten habe ich vorhin viel verloren, aber M1 ist schon wieder in der Hütte verschwunden. Meine Angst besteht in erster Linie darin, denkt Karl, dass der Baum genau in diesem Moment zu fallen beginnt, wenn M1 nicht hier ist, oder drei Sekunden später, wenn er wieder aus der Hütte kommt und sich in der Falllinie befindet. Ich fürchte um die Katzen, die genau in diesem Moment durch den Garten laufen könnten, um die Hunde, die Kinder, die Igel und mich.

So, schreit M1, als er wieder vor der Weide steht, und hält etwas in die Höhe. Kommen Sie, es kann nichts passieren. Karl knickt die Zweige und geht ihm langsam entgegen, den Baum lässt er dabei nicht aus den Augen. Ich schlage den Keil hier hinein, so geben wir ihm die Richtung vor. Ist es so einfach, ihm das aufzuzwingen?, möchte Karl fragen, aber er nickt nur: Das ist eine gute Idee. Das ist nichts Außergewöhnliches, sagt M1, das macht man so. Meine Mutter hat bis ins vierundachtzigste Lebensjahr mit der Motorsäge gearbeitet, aber die Axt wurde ihr bereits mit fünfundsiebzig zu schwer. Tatsächlich, sagt Karl, M1 schlägt auf den Stamm ein und Karl sieht zu. Gestern, sagt er, er wiederholt es lauter: Gestern habe ich lange mit der Wirtin gesprochen, sie hat mir ihre Familiengeschichte erzählt. So, sagt M1 und schaut hoch, das könnte schwierig werden, ich hole ein Seil. Karl folgt ihm zur Gartenhütte, er sagt: Die Wirtin erzählte von ihrer Familie, ich hatte sie nach dem Foto im Vorraum gefragt. M1 stößt die Tür mit dem Fuß auf. Hat sie von Horst, Verzeihung, hat sie von der Tankstelle erzählt? Von welcher Tankstelle? Von der Tankstelle, die keine mehr ist, die jetzt Imbiss heißt, direkt an der Bundesstraße, Sie sind bestimmt daran vorbeigefahren. Karl schüttelt den Kopf. Auf der rechten Seite, wenn man den Ort verlässt, dort sitzen sie. Dieses Seil nehmen wir.

Also, folgendermaßen, M1 bindet das Abschleppseil um den Stamm und drückt es Karl in die Hand: Sie ziehen hier kräftig und ich schlage in den Stamm. Und wenn er fällt?, fragt Karl. M1 sieht ihn lange an: Dann laufen Sie rechtzeitig weg. Wann ist rechtzeitig? Wenn er zu fallen beginnt. Und wie merke ich das? M1 schüttelt den Kopf. Sie haben wirklich noch nie einen Baum gefällt. Karl versteckt die Hände in den Hosentaschen. Wenn alles langsam wird, sagt M1 nach einer Weile, wenn es langsam wird, wissen Sie, dass Sie laufen müssen.

Bäume fallen ruhig

Karl hustet, ehe er spricht: *Wie ruhig Bäume fallen, wie langsam sie es tun.* Er legt das Diktiergerät auf den Tisch, über den Boden sind die Kleidungsstücke verstreut, es riecht nach Holz und Schweiß. *Als ob der Himmel brennt, sagte er, als wir uns verabschiedeten, wir gingen im Guten auseinander, der Vorfall vom Beginn des Tages stand nicht mehr zwischen uns. Wäre ich unter anderen Umständen hier, hätte ich wohl einen Freund gefunden. Ich werde bald wieder zu ihm gehen, wenn es die Zeit erlaubt.*

Gast 1

Für Außenstehende mag das ein schönes Leben sein, denkt Karl, als er die Bettdecke zur Seite schlägt, ein Leben im Hotel, aber es fühlt sich nicht so an. Aus dem Nebenzimmer sind Schritte zu hören, Wasserrauschen und eine Tür, die zugeworfen wird. Die Gäste, denkt Karl: Hatte sie nicht erzählt, sie würden erst morgen kommen, das müssen laute Menschen sein. Karl streckt sich, er zieht den Vorhang ein Stück zur Seite und hält sich dabei am Fenstergriff fest. Ein weiteres rotes Auto steht neben dem seinen, ein neueres Modell, er kann das Kennzeichen nicht lesen, das Heck ist zur Mauer hin geparkt. Helmut würde den Kopf schütteln, Helmut würde sagen: Da weißt du, was dich erwarten wird. Wer mit dem Heck zur Mauer hin steht, trägt die Nase hoch. Du und deine Vorurteile, würde Margit sagen und ihm über den Kopf streichen, von wem hast du das? Sieh dir die Automarken an, würde Helmut antworten und schnell einen Schritt zur Seite gehen, um Margits Hand zu entkommen, wer teuer kauft, möchte zeigen, was er hat. Margit würde Karl spätestens jetzt diesen Schau-wie-groß-er-geworden-ist-Blick zuwerfen, obwohl, mittlerweile wäre das auch schon anders, mittlerweile hat sich Margit längst daran gewöhnt, wie groß und erwachsen Helmut geworden ist.

Karl lässt den Vorhang wieder zurückfallen und zieht das Nachthemd über den Kopf. Er riecht an dem Stoff, bevor er es schüttelt und über den Sessel legt. Morgen werde ich waschen, denkt er, und daran, dass er das Waschmittel der Wirtin nicht mag, dass sie viel zu viel Geld für eine Trommel verlangt, dass er das nächste Mal mehr Kleidungsstücke hineinstopfen und auf den Trockner verzichten wird, wenn er die Wäsche beim Aufhängen faltet, wird genügend Platz auf den Heizkörpern sein. Karl denkt an den Geruch im Skiraum, den er durchqueren muss, wenn er zum Waschraum will, an die Liste, auf der nur er Striche zieht, *Gast 1*, und an den handgeschriebenen Zettel, der an der gekachelten Wand über den Maschinen klebt: *SPARSAM Waschmittel sparen.*

Wir hätten früher aufstehen sollen ist das Erste, was Karl von den Gästen hört, sie kommen ihm auf der Treppe entgegen, als er zum Frühstücksraum geht. Guten Morgen, sagt Karl in das Gespräch hinein, Morgen, antworten beide. Der Mann trägt einen roten Pullover und einen Schnauzer, die Frau eine weiße Bluse und eine Brille. Karl überlegt, ob er die Gäste willkommen heißen soll, ob er sie begrüßen, ob er sich vorstellen soll: Karl Hellmann mein Name, Gast 1, es freut mich, Sie kennenzulernen. Drehen Sie bitte die Heizung ab, wenn Sie das Zimmer verlassen. Kontrollieren Sie auch, ob Sie das Licht und den Fernseher ausgeschaltet haben und denken Sie bei einem Vollbad daran, wie viel Liter Trinkwasser das sind. Ich wünsche Ihnen einen angenehmen Aufenthalt. Aber die beiden sind schon an ihm vorbei, der Mann hat einen schnellen Schritt. Schenken Sie dem Familienbild Beachtung, möchte Karl ihnen nachrufen, seien Sie nett zur Wirtin, sie hat ihre schlechten Tage, und vor allem: Verhalten Sie sich in den Morgenstunden ruhig.

Wo ist Annemarie?, fragt Karl, als er an seinem Tisch Platz nehmen möchte. Ich habe für Sie auf dem anderen gedeckt, sagt die Wirtin, hier ist noch nicht aufgeräumt, das Frühstück müssen Sie sich holen, ab heute gibt es Buffet. Wo ist Annemarie?, wiederholt Karl. Das Radio läuft leiser als in den Tagen zuvor, man versteht kaum, was gesagt wird. Ich kann sie doch nicht hereinlassen, wenn ich hier ein Buffet aufgebaut habe, möchten Sie ein Ei? Seit wann gibt es Eier? Seit heute, sagt die Wirtin, also, ja oder nein? Bitte, antwortet Karl, aber nicht zu weich.

Karl sieht hinüber zu seinem Tisch, wo zwei zusammengeknüllte Servietten auf den Tellern liegen und zwei kleine Schüsseln mit Marmelade auf dem Tisch stehen. Sie hätten doch eine verwenden können, denkt er, wenn man im selben Zimmer schläft, kann man doch aus einer Schüssel essen.

Was machen Sie da?, fragt die Wirtin, als sie mit einem Ei in einem silbernen Becher aus der Küche kommt. Ich hole die Marmelade vom Nachbartisch. Aber es ist doch frische da, Sie können ruhig die frische nehmen. Die ist noch gut, sagt Karl und riecht daran. Dass die Wirtin ohnehin in der Küche die Marmelade der neuen Gäste zurück in die Schüssel vom Buffet kippen wird, das denkt er nur.

Und, wie lange bleiben sie?, fragt Karl, er hört Annemarie in der Küche winseln und ärgert sich, dass seine Stimme anders klingt als er will. Anderthalb Wochen, sie sind zum Wandern hier. Im November wandert man doch nicht. Das habe ich auch gesagt. Waren sie schon einmal hier? Ja, sie kommen jedes Jahr zum Konzert, das ist zwar fünfundzwanzig Kilometer entfernt, aber es übernachten trotzdem viele hier, sie reisen auch mit Bussen an, fünfundzwanzigtausend Menschen, das bringt der Region allerhand Einnahmen. Und da übernachten auch welche hier? Das ganze Haus ist voll, so voll, dass ich einen Mindestaufenthalt von vier Nächten verlangen kann. Karl klopft das Ei auf und die Wirtin hält ihm die Hand hin: Ich gehe ohnehin in die Küche, wenn Gäste hier sind, muss alles ordentlich sein. Haben sie Halbpension gebucht? Ja, sagt die Wirtin, heute Abend gibt es Schnitzel. Das ist schön, das freut mich sehr, sagt Karl und sticht den Löffel in das Ei.

Ein gutes Schnitzel ist eines, das ein Lächeln gesehen hat, diesen Satz hatte Margit lange Zeit in der Küche hängen, auf der Pinnwand aus Kork, die später durch eine metallene ausgetauscht wurde. Nadeln halten besser als Magnete, sagt Margit seither regelmäßig, wenn wieder ein Zettel zu Boden fällt. Du darfst nicht so viel Papier übereinanderlegen, da kommt der Magnet nicht durch. Weniger geht nicht.

Wann der Satz mit dem Schnitzel verschwand, überlegt Karl, als Annemarie aus der Küche läuft. Annemarie, hört er die Wirtin schreien. Sie ist bei mir, ich passe auf, wir können sagen, der Hund gehört mir. Ich weiß nicht, sie könnten sie wiedererkennen, sie waren gleichzeitig mit den Gästen hier, die sie vergessen haben. Ein schwarzer Hund ist ein Loch in der Luft, wenn man so einen sieht, erkennt man ihn so schnell nicht wieder. Meinen Sie? Ja, bestimmt.

Rückrufbitte

Dreimal wählt Karl Margits Nummer, er spricht auf den Anrufbeantworter: Hallo Margit, liebe Margit, bitte ruf mich schnell zurück. Danach steckt er das Telefon in seine Hosentasche und nimmt auf der Parkbank Platz. Er sieht einem Baggerfahrer zu, der einen Kanister aus der Bauhütte holt und in sein Auto tankt. Karl überlegt, welcher Baum das ist, neben dem er sitzt, Margit wüsste das.

Nicht das Wetter macht den Sommer aus, die Blätter sind es, sagt sie jedes Jahr, wenn das Laub zu Boden fällt. Margit mag den Winter nicht. Einmal, zum Geburtstag, schenkte ihr Karl einen Bonsai, damit sie besser in den Frühling kommt. Zu klein, Karl, sagte sie und schüttelte den Kopf: Bonsais rauschen nicht, das weißt du doch.

Dreihundertvierundsiebzig Kilometer

Eine Stufe, zwei, drei, vier, sie sind schmal und Karl muss kleine Schritte setzen, vorsichtig, die Treppe ist aus Marmor und er hat Angst, zu fallen. Ich bin Karl Hellmann, lassen Sie mich durch, ich habe verschlafen, meine Frau Margit wartet auf mich, aber verraten Sie nichts, es soll eine Überraschung sein. Dann wartet sie nicht. Woher möchten Sie das wissen? Karl, hör auf mit dir selbst zu sprechen. Ich spreche nicht. Dieser Geruch, über Nacht hat sich nichts daran geändert, das indirekte Licht hinter dem Treppengeländer, war es gestern schon da? Im ersten Stock ist der Teppichboden grau statt grün und Karl grüßt die Frau, die neben einem Wagen mit gebrauchter Bettwäsche telefoniert. Den Schlüssel zurückgeben, das Auto finden, ich möchte noch vor dem Mittagessen bei ihr sein, für das Frühstück ist keine Zeit, eins, zwei, drei, so, nur noch die eine Kurve, dann ist es geschafft, ich sehe den Christbaum, ist er gestern schon hier gewesen, wo ist der Rezeptionist, dort, hinter dem Schild. Gut, weiter, der Schlüssel, Margit, ich bin gleich bei dir.

Der Christbaum ist mit roten Kugeln geschmückt, wie jener, den Karl am Vorabend im Fernsehen gesehen hat. *Ich wünsche Ihnen viel Erfolg mit dieser Weihnachtsidee*. Nein, jetzt nicht, wir beginnen einen neuen Tag, gestern soll vergessen sein. Karl legt den Schlüssel auf den Tisch der Rezeption. Eine schöne Weiterfahrt wünscht ein anderer junger

Mann, er lächelt ebenfalls, aber er hat nichts Beunruhigendes an sich, obwohl seine Schleife schief sitzt. Danke, antwortet Karl und nimmt einen Apfel aus dem Korb, es ist jener, der gestern schon angeschlagen ausgesehen hat, Karl beißt hinein und spuckt die braune Stelle gleich vor der Eingangstür aus.

Achtung, Vorsicht, Karl zieht die Schultern hoch, als er das Auto bemerkt, und fährt vorbei, zügig, aber nicht schnell, er möchte kein Aufsehen erregen. Das ist doch, M3, kann das sein, ist seine Mutter mit? Das Auto ist blau, es ist ein anderes als jenes, in das sich M3 am Supermarktparkplatz setzte. Es könnte das seiner Frau, es könnte das seiner Mutter sein. Karl duckt sich, als der Mann in seine Richtung schaut, er will nicht, dass jemand bemerkt, dass er hier übernachtet hat. Im Rückspiegel sieht er, wie M3 die Tür zuwirft und das Auto startet. Er parkt rückwärts aus und übersieht dabei beinahe eine Frau mit Hund. Karl hält vor dem Kreisverkehr. Sie haben zwei Möglichkeiten. Ich weiß, Sie haben lange Zeit davon gesprochen, aber bitte folgen Sie mir nicht. Ich dachte, es stört Sie nicht, wenn ich Sie nach Hause begleite. Nein, das würden Sie nicht sagen, so gut kannten wir uns nicht.

Zwei Möglichkeiten

Sie haben Probleme mit Ihrer Frau, flüstert der Mann, der zuvor bei den Grillhühnern gestanden war und zum Rauchen auf die andere Seite der Verkaufsfläche gekommen ist, wo er Karl beobachtet. Wie kommen Sie darauf, antwortet Karl, er lässt das Telefon in seiner Jackentasche verschwinden und blickt schnell zur Seite über den Supermarktparkplatz. Sie schauen schon zu lange auf ihr Telefon, und Sie essen währenddessen ihr Grillhuhn hier. Der Mann ascht auf den Boden und die Verkäuferin schimpft, während sie die gebrauchten Pappteller wegwirft. Schau, sagt der Mann und holt mit dem Fuß weit aus, ich kehre die Asche weg, es ist ohnehin gerade keine Kundschaft da. Aber nicht unter den Wagen, sagt sie, und Karl mustert seine Schuhe und Hose und überlegt, warum er nicht als Kundschaft zählt.

Ich bin seit dreißig Jahren verheiratet, sagt der Mann und rückt seinen Strohhut zurecht, ich weiß wie das ist. Wir sind gerade aus dem Urlaub zurückgekommen, zwei Wochen in Griechenland, ein Zimmer mit Blick auf das Meer und alle Getränke kostenlos. Nach dreißig Jahren verhält es sich so: Es ist nicht mehr so frisch, wie es einmal gewesen ist, aber man versucht es immer wieder. Wir wissen: Die Schmetterlinge sind vor vielen Jahren weitergeflogen. Das klingt traurig, sagt Karl, wir führen eine gute Ehe. Ich habe meine Margit vor neunundzwanzig Jahren kennengelernt, sie trug eine geblümte Sommerbluse, obwohl es Winter war. Ich sagte: Es ist schön zu sehen, dass auch im Dezember Blumen blühen. Sie sagte: Mir sind die Bäume lieber, aber sie lächelte.

Karl zieht die Haut vom Fleisch, er legt sie auf den Rand des Papptellers. Die können Sie ruhig essen, sagt der Mann, wir bereiten sie besonders knusprig zu. Ich mag keine Haut, sagt Karl, es tut mir leid, so gut sie auch zubereitet ist, ich schaffe das nicht, meine Frau Margit würde sie hingegen essen. Das macht eine gute Ehe aus: dass die Partnerin gerne isst, was der Partner nicht mag und umgekehrt, so kann es zu keinen Streitigkeiten kommen, obwohl auch keine zu großen Unterschiede bestehen sollten, das könnte zu anderen Interessenkonflikten führen. Und wo ist sie jetzt? Zu Hause, ich bin hier, um zu forschen.

Ein Forscher, wiederholt der Mann. Karl wischt die Hände an der Serviette ab, aber das Papier saugt nicht, er trinkt einen Schluck und wundert sich, dass es nicht mehr seltsam klingt, diesen Satz zu sagen. Wie lange schon?, fragt der Mann. Neunundzwanzig Tage, die Stunden habe ich nicht gezählt. Und warum? Der Mann wirft die Zigarette auf den Boden, er tritt sie schnell unter den Imbisswagen, als die Frau wegschaut. Warum ich hier forsche?, fragt Karl. Hinter ihnen hupt ein Autofahrer, weil eine Familie mit Einkaufswagen die Straße blockiert, woraufhin das Kind sich unter dem Rock der Mutter verstecken möchte, was die Familie nicht vorwärtsbringt und den Autofahrer rückwärts zur anderen Ausfahrt fahren lässt. Das können wir später besprechen. Nein, das können wir nicht.

Karl und der Mann schweigen, sie sehen den Hühnern zu, die sich auf der Stange drehen. Karl wischt die Hände erneut an der Serviette ab, aber es wird nicht besser. Wir möchten folgender Frage nachgehen, beginnt er und denkt: Ich weiß es doch auch nicht mehr. Wir möchten herausfinden, wie zufrieden, kurz gesagt, möchten wir festhalten, wie das Leben hier ist. Das ist eine schwierige Frage, sagt der Mann.

Ein Windstoß verweht die Serviette und Karl überlegt, ob er sie aufheben sollte, aber er ist zu langsam, sie fliegt über den Supermarktparkplatz. Wie das Leben hier ist, wiederholt der Mann und nickt: Ich könnte Ihnen viel erzählen. Es geht nicht darum, was die anderen manchen, sagt Karl, es geht um das eigene Leben. Und wie wählen Sie die Gesprächspartner aus?, fragt der Mann. Nach dem Zufallsprinzip, antwortet Karl und nagt den letzten Rest Fleisch vom Knochen. Sind die Hühner von hier? Ja, aber unter uns, die Einheimischen wissen es ohnehin, unter uns – der Mann hält sich die Hand vor den Mund und beobachtet dabei die Frau, die hinter dem Tresen steht – nein. Anderswo bekommen wir sie günstiger, es muss doch alles günstig sein. Ich verstehe, sagt Karl, er nickt und dann schweigen sie, bis der Mann zu Karls Teller hinübergreift und die Haut in seinen Mund steckt. Darf ich, es wäre schade darum.

Und warum haben Sie sich für diesen Ort entschieden? Zufallsprinzip, sagt Karl und wischt den Mund mit der Serviette ab, zuerst den Mund, dann die Nase und zuletzt die Stirn. Alles dem Zufall überlassen, sagt der Mann. Warum verkaufen Sie Ihre Hühner hier?, unterbricht ihn Karl. Zum einen, weil der Supermarkt gut besucht ist, zum anderen, und vor allem deswegen, weil hier genügend Parkplätze vorhanden sind, im Ortskern ginge das nicht. Aber es sind doch auch dort Parklücken zu finden. Ja, aber die Kunden wissen nicht, ob etwas frei sein wird, wenn sie dort sein werden. Jeden Donnerstag sind wir hier, wir verkaufen ausschließlich auf Supermarktparkplätzen, keine Kundschaft, wo nicht genügend Stellfläche vorhanden ist, vor allem, wenn es darum geht, das Produkt im Vorbeifahren einzuladen. Das Produkt?, fragt Karl. Ja, unsere Hühner, sagt der Mann und streckt Karl die Hand entgegen. Ich würde sehr gern Ihre Fragen beantworten, wir sind ohnehin zu zweit und der Andrang wird erst später kommen. Ist das Ihre Frau?, fragt Karl. Nein, meine Mutter. Der Mann stemmt die Hände in die Hüften, er sieht kräftig aus. Also? Gern, sagt Karl, aber nur wenn Ihre Mutter auch mit mir spricht, mir fehlen noch Frauen.

Karl zählt die Autos, während der Mann mit der Mutter verhandelt, er sieht einer Frau zu, die im Foyer des Supermarkts Geld abhebt. Karl zählt die Hühner, die sich auf der Stange drehen, er dividiert die Hühner durch die Autos, bis er doch wieder sein Telefon aus der Tasche zieht. Auf dem Bildschirm sind nur die Uhrzeit und das Datum zu sehen, kein Kurznachrichtensymbol. Karl streicht über den Sprung, er versucht sich zu erinnern, wann das passiert ist, aber er weiß es nicht, sein Telefon fällt zu oft auf den Boden. Bleib bei deinem alten, sagt Margit jedes Mal, wenn er überlegt, sich ein neues anzuschaffen, es wäre schade darum, die Bildschirme sind empfindlicher. Margit besitzt ein Telefon, mit dem sie fotografieren und aufzeichnen kann, wie viele Schritte sie jeden Tag geht. An manchen Tagen, wenn sie einen Rekord aufstellt, ist sie sehr gut gelaunt, an anderen nicht. Ist es noch so?, überlegt Karl, misst sie ihre Schritte noch?

Der rote Verkaufswagen ist mit gelber Schrift beklebt. Karl sieht den Mann mit seiner Mutter sprechen, die seine Schwester oder Frau sein könnte. Sie streicht zwischendurch die Hühner mit Butter ein, sie zuckt mit den Achseln und macht eine abwehrende Handbewegung, der Mann klopft ihr auf die Schulter und hält den Daumen hoch, als er sich Karl zuwendet.

Sind Sie überhaupt von hier?, fragt Karl, wurden Sie hier geboren? Ja, dort hinten, antwortet M3 und zeigt auf den Hügel hinter dem Supermarkt. Zu Hause, möchte Karl fragen, waren Sie eine Hausgeburt, aber er sieht den Fragebogen vor sich und die Frau bei den Hühnern und er denkt daran, dass er das Gespräch mit M3 schnell hinter sich bringen muss, um noch mit der Frau sprechen zu können, bevor die

Kundschaft kommt. *Haben oder hatten Sie Geschwister?* Ich hatte einen älteren Bruder, er lebte bis weit über dreißig bei uns, aber das sind so Geschichten, murmelt M3, wissen Sie, wie das Leben läuft? Das weiß man doch nie, antwortet Karl, man kann das Morgen planen, wie man möchte, es bleibt stets ein wenig ungewiss. Nein, sagt M3, es gibt immer nur zwei Möglichkeiten, er trinkt einen großen Schluck, kennen Sie die? Karl schüttelt den Kopf, er überlegt, ob er jemals jemanden so große Schlucke hat trinken gesehen, er beobachtet M3, wie er eine neue Flasche mit dem Feuerzeug öffnet, und malt währenddessen einen Kreis auf den Fragebogen, er setzt Punkte hinein, er zieht eine Nase und einen Mund.

Also, sagt M3: Kommst du zur Welt, hast du zwei Möglichkeiten: hier oder anderswo. Anderswo wäre gut für dich, kommst du hier zur Welt, hast du zwei Möglichkeiten: reiche Eltern oder nicht. Reiche Eltern wären gut für dich, bei armen Eltern hast du zwei Möglichkeiten: Du kommst zu einer Volksschullehrerin, die dich trotzdem fördert, oder nicht. Fördern wäre gut für dich, ist es nicht so, hast du zwei Möglichkeiten: Prammer oder Eder, Mechaniker oder Dachdecker, zumindest war das vor fünfzehn Jahren so. Prammer wäre gut für dich, bei Eder hast du zwei Möglichkeiten: gehen oder bleiben. Gehen wäre gut für dich, bleibst du, hast du zwei Möglichkeiten: durchhalten oder durchdrehen. Durchhalten wäre gut für dich, drehst du durch, hast du zwei Möglichkeiten: vollkommen oder die Eltern klären es. Vollkommen wäre gut für dich, bei den Eltern hast du zwei Möglichkeiten: abhauen oder bleiben. Abhauen wäre gut für dich, bleibst du, hast du zwei Möglichkeiten: früh sterben oder spät. Früh wäre gut für dich, wird es spät, hast du zwei Möglichkeiten: nicht mehr gefunden werden oder dort drüben am Friedhof begraben werden.

Karl räuspert sich, er sagt: Das ist ein schöner Ort, die Bäume gefallen mir. Das sind die Birnbäume unseres Nachbarn, er brennt Schnaps davon. Schmeckt er gut? Ja, es sind noch alte Sorten, aber er überlegt, bald etwas Neues zu pflanzen. Weshalb? Weil man seit Jahrzehnten Williamsbirnen nimmt. M3 fixiert Karl, er wiederholt: Früh wäre gut für dich, wird es spät, hast du zwei Möglichkeiten: nicht mehr gefunden werden oder dort drüben am Friedhof begraben werden. Karl schaut auf den Fragebogen und auf die Uhr, dreiundzwanzig Minuten, und sie kommen erst zu Frage drei. *Wie ist Ihr Familienstand?* Er wird heute nicht vom Plan abweichen, er möchte besser vorankommen als mit M2, es war nicht klug gewesen, Margit hätte recht gehabt. Ja, genau, sagt Karl, als M3 die Bierflasche laut auf den Tisch stellt und seine Gedanken durchbricht, er fragt: Wie geht es weiter? Nicht mehr gefunden werden wäre gut für dich, am Friedhof hast du zwei Möglichkeiten: Steinplatte oder, was üblicher ist, Grabbepflanzung. Eine Steinplatte wäre gut für dich, bei der Grabbepflanzung hast du zwei Möglichkeiten: Blumen oder Bäume. Margit würde Bäume wollen, denkt Karl, er nickt. Wachsen Blumen aus dir, wäre es gut für dich, bei Bäumen hast du zwei Möglichkeiten: Laub oder Nadeln. Laub wäre gut für dich, bei Nadeln hast du zwei Möglichkeiten: Möbel oder Papier. Und bei Laub?, fragt Karl. Niemand lässt einen Laubbaum auf dem Grab wachsen. Ich weiß nicht, sagt Karl, es gibt doch Baumfriedhöfe. Möbel oder Papier, wiederholt M3 lauter und trinkt einen Schluck, ehe er weiterspricht: Möbel wären gut für dich, bei Papier hast du zwei Möglichkeiten: Schreibpapier oder Toilettenpapier. Schreibpapier wäre gut für dich. Danke, sagt Karl, ich weiß, worauf Sie hinaus möchten.

Aus dem Supermarkt kommt ein Mann, der Karl an M1 erinnert, Karl möchte seine Hand heben, aber bemerkt rechtzeitig, dass es jemand anders ist. Er sieht dem Mann zu, wie er seinen Einkauf in das Auto lädt, er sagt leise: Ich möchte in einer Gesellschaft leben, die so gut ist, dass keine Hoffnungen auf ein Leben nach dem Tod aufgespart werden müssen. M3 reagiert nicht, er ist mit dem Etikett seiner Bierflasche beschäftigt, das er abreißt und auf den Boden wirft, wo er es mit dem Fuß unter den Tisch schiebt. Haben Sie das alles mitgeschrieben?, fragt er, als er wieder aufblickt, und nimmt noch einen Schluck. In Stichwörtern, ja. Darf ich sehen? Nein, das können Sie ohnehin nicht lesen, antwortet Karl und überlegt, ob er noch etwas sagen soll, ob es überhaupt Sinn macht, mit M3 zu sprechen, der in diesem Moment eine neue Flasche aus der Kiste unter der Bank zieht.

Dass seine Darstellung verkürzt gewesen sei, murmelt M3 nach einer Weile, Karl hört ihn kaum. Dass er die Frauen ausgelassen habe –, Karl blickt auf die Uhr, vier Bier in dreißig Minuten. Sie haben eine schnelle Trinkgeschwindigkeit, sagt er. Die muss man haben, wenn die Mutter bei den Hühnern wartet. Sie befinden sich also, sagen wir, jetzt irgendwo in der Mitte von diesem Zyklus der zwei Möglichkeiten? M3 starrt auf den Tisch, er ist ruhiger geworden, ruhiger, ernster und freundlicher. Er nickt, er schüttelt den Kopf, dann antwortet er: Ich muss nur noch abwarten, welcher Baum auf mir wächst.

Aus dem Supermarkt ist eine Stimme zu hören, die jedes Mal erklingt, wenn jemand im Geschäft zu nahe an die Eingangstür kommt, was oft passiert, weil das Obstregal nahe dem Eingang aufgebaut ist: Halt, hier kein Ausgang. Wissen Sie eigentlich, wer den Bananen die Schilder schreibt? M3 zuckt mit den Schultern, er starrt auf den Tisch, zwischendurch trinkt er. Sie wissen es, sagt Karl, aber M3 antwortet nicht mehr. Sollen wir zur nächsten Frage übergehen? Karl sieht hinüber zur Mutter, die eine Frau, einen Mann und ein Kind bedient, sie winkt ihrem Sohn. Aus jetzt, schreit sie, komm.

Über den ganzen Parkplatz muss sie zu hören sein, denkt Karl, er sieht hinüber zur Grillstation und schnell wieder weg, als die Mutter ihm einen bösen Blick zuwirft. Frage zweiundvierzig: *Haben Sie in Ihrem Leben jemals Alkohol getrunken?* Karl kreuzt Ja an, er fährt die Striche nach. Das kommt von den Fragen, hört er die Mutter schreien, aber er ist sich nicht sicher, ob er richtig versteht, ob die Worte ihm oder M3 gelten. M3 sucht Halt, er greift zu den Hühnern, die Mutter schlägt ihm auf die Hand, es sieht gefährlich aus, weil die Mutter wütende Augen hat und in der linken Hand ein Messer hält, mit dem sie zuvor ein Huhn zerteilt hat. Schau nicht hin, hört Karl Margit sagen, wenn kein Augenkontakt aufgenommen wird, ist man an einer Situation unbeteiligt. Als M3 aufgestanden ist, haben sich die anderen Gäste zu Karl gesetzt, sie blicken ebenfalls auf den Tisch, auf ihre Pappteller, auf denen das Essen liegt. Sie werden wissen, wie man sich in dieser Situation verhält, denkt Karl, es wird nicht das erste Mal sein. Aus einem Auto, das langsam über den Parkplatz fährt, ist der Bass zu hören, das Kind blickt kurz auf, Karl dreht sich nicht um.

Geh nach Hause, schreit die Mutter wenig später, sie nimmt ein Huhn vom Grill und wirft es auf die Arbeitsfläche, wo sie es gleich darauf zerteilt. Die wenigsten kaufen noch ein ganzes Huhn, hat M3 zuvor erklärt. Sei gut zu ihnen, sagt er jetzt. Auf Wiedersehen, die Mutter gibt ihrem Sohn einen Stoß, woraufhin Karl beschließt, sie an einem anderen Tag zu fragen, ob sie mit ihm sprechen möchte. Er reibt die Hände aneinander, ihm ist kalt geworden vom langen Sitzen auf der Bank. M3 macht eine abwehrende Handbewegung, er tunkt eine Semmel in den Behälter, der das heruntertropfende Fett der Hühner auffängt, die Mutter schiebt ihn aus der Grillstation hinaus.

Ich fahre nach Hause, sagt M3, als er wieder vor Karl steht, er zieht den Hut von seinem Kopf. Die Frau und der Mann blicken von ihren Papptellern auf, sie grüßen ihn. Wissen Sie, sagt M3 und hält sich am Tisch, ich habe allen Hühnern Namen gegeben, das sollten Sie auch mit den Menschen machen, man muss ihnen Namen geben. Erika, Stefanie, Milli, Sabine, Fiona, Barbara, merk dir das, es sind immer die gleichen, von links nach rechts in jeder Reihe. Ich fahre, sagt M3, auf Wiedersehen und gute Nacht. Danke, ruft Karl ihm nach, aber M3 hat sich schon umgedreht, er schwankt kurz nach links, bleibt stehen, fixiert ein Auto, geht geradeaus, stoppt kurz vor dem Auto und schlägt die Kurve ein, die ihm beim zweiten Mal gelingt. Oje, sagt die Frau und springt auf, er parkt bei unserem Auto. Karl sieht auf den Fragebogen, er streicht die Seiten durch. Welchen Teil essen Sie am liebsten?, fragt der Mann, seine Wangen sind rot.

Wir heben die Köpfe

Wir heben die Köpfe, als wir hören, wie die äußere Tür geöffnet wird und kurz darauf ins Schloss fällt, wir heben sie und warten, wer kommt. Annemarie, die angeleint auf meinen Füßen liegt, einen Ball im Maul, die Wirtin, die dem neuen Gast die andere Zeitung bringt, der neue Gast, der wieder den roten Pullover trägt und dessen Frau vor einer halben Stunde nach oben gegangen ist, er sitzt immer noch da. Weil wir alle ein wenig erschrocken sind, denkt Karl, weil zu den Frühstückszeiten niemand die Gaststube betritt, das wissen wir, nur der neue Gast vermutet vielleicht, dass seine Frau hinausgegangen ist, er kann die Geräusche der Tür noch nicht ausreichend deuten. Kann es sein?, überlegt Karl, als er den Umriss durch die Glastür erkennt, die moosgrüne Jacke, die Plastikpantoffeln, den Hut, und dann öffnet M1 die Tür.

Guten Morgen, sagt er, als ob es üblich wäre, dass Fremde um diese Uhrzeit die Gaststube betreten, als ob es überhaupt üblich wäre, dass Gäste kommen, und zieht seine nasse Jacke aus. Regnet es?, fragt Karl und fügt ohne eine Antwort abzuwarten hinzu: Sie sind früh unterwegs, ich habe es noch nicht weit geschafft, nur die Treppe hinunter, ich bin noch ganz müde. Ich bleibe nicht lange, antwortet M1 und hängt die Jacke auf den mittleren Haken, sie verdeckt das Schild *Für Garderobe keine Haftung*. Karl war der Hinweis zuvor nicht aufgefallen. Möchten Sie sich zu mir setzen?, fragt er und M1 nickt. Ich bin wegen Ihnen gekommen. Die Wirtin ordnet das Buffet, obwohl ihre Gäste schon gefrühstückt haben, sie dreht ihnen den Rücken zu. Kalt ist es heute, sagt M1, er legt seinen Hut auf die Bank und streichelt Annemarie, die ihn begrüßt. Ist das, beginnt er, aber die Wirtin unterbricht ihn. Wir haben noch nicht geöffnet, sagt sie. Öffnet ihr überhaupt noch?, fragt M1 und lacht und die Wirtin sieht zuerst ihn und dann Karl böse an, aus der hinteren Ecke, von Karls ehemaligem Tisch, ist Zeitungsrascheln zu hören und ein leises Niesen. Auf der Schulter der Wirtin liegt ein blau-weiß-kariertes Tischtuch und Karl sieht sie danach greifen, gleich, denkt er, jetzt wird sie M1 damit schlagen, gleich. Aber sie nimmt das Tuch von ihrer Schulter, sie schüttelt es aus und faltet es zwei Mal. Bring mir einen Kaffee, sagt M1. Wir haben noch nicht geöffnet, wiederholt die Wirtin und zeigt zur Tür, die Öffnungszeiten sind gut leserlich angebracht. Brauchen Sie noch etwas?, fragt sie den neuen Gast, soll ich Ihnen noch einen Kaffee bringen? M1 räuspert sich und Karl schiebt seine Kanne zu ihm hin. Ich hole eine Tasse, Sie können ruhig von meinem nehmen, ich habe genug.

Sie müssen wissen, manche hier in der Gegend sind sehr starrsinnig, sagt M1 und stellt die Tasse so heftig auf den Tisch, dass Annemarie erschrickt und in Karls Wasserglas die Kohlensäureperlen aufsteigen. Schauen Sie, möchte Karl sagen, was mit dem Wasser passiert, aber M1 fixiert die Bar und die Wirtin, die dahinter Zeitung liest. Der Kaffee ist bitter, sagt M1 lauter als sonst und greift nach dem Zucker, trinken Sie den jeden Tag? Karl nickt, er sieht, wie die Wirtin herüberschaut, er schmeckt mir gut, ich mag ihn stark. Ein starker Kaffee am Morgen vertreibt dir alle Sorgen. Bitter hat nichts mit stark zu tun. Doch, sagt Karl, schon, und die Falten zwischen den Augenbrauen der Wirtin sind verschwunden, als sie sich wieder über die Zeitung beugt. Warum sind Sie hier? Ich wusste nicht, wie ich Sie erreichen kann, ich kenne Ihre Telefonnummer nicht. Ach so. Ja, es geht um Folgendes, sagt M1 und lehnt sich zurück, ich habe nachgedacht, ich habe eine Frau gefunden, die mit Ihnen sprechen würde, ich habe ihr gesagt, dass Sie am Montag um neun Uhr zu ihr kommen. Vormittags?, fragt Karl. M1 nickt. Neun Uhr vormittags, und wohin? Zu meiner Nachbarin.

Die Wirtin lässt die Zeitung auf den Boden fallen, sie murmelt etwas, Karl versteht sie nicht. M1 sieht zu ihr hinüber: Schau nicht so, ich gehe nicht dorthin. Dann schiebt er Karl den Zettel hin. *Bitte nicht vergessen* ist obenauf gedruckt, M1 hat die Adresse in Blockbuchstaben geschrieben. Ich weiß doch, wo das ist, dort hätte ich beginnen sollen. Man soll den Ablauf nicht durcheinanderbringen, sagt M1 und trinkt noch einen Schluck. Und weshalb die Nachbarin? Herr Hellmann, Sie möchten doch unvoreingenommen an das Gespräch herangehen. Sie können vorher mit meiner Frau sprechen, sie hat sich ebenfalls bereit erklärt, wir würden uns freuen. Und hier, ich habe Ihnen etwas mitgebracht. Was ist das? Ein Stück von der Weide, die wir gefällt haben, das sehen Sie doch. Mit dem Daumen fährt Karl über das Holz, er lächelt, aber dann fällt ihm wieder ein, was ihn beunruhigt hat. Ihre Frau, meinen Sie wirklich?

Von Karls ehemaligem Platz ist ein Rascheln zu hören und dann eine Tasse, die abgestellt wird. Einen schönen Pullover haben Sie heute an, sagt Karl zu M1, als er merkt, dass der neue Gast zu ihnen herübersieht. Ich schätze es, wenn Menschen ihre Pullover wechseln, Margit meint, ein Pullover ist der Händedruck des Geschmacks. Wie bitte?, fragt M1, er sagt: Danke, den hat meine Schwester gestrickt. Selbst gestrickte Pullover sind selten geworden, antwortet Karl. Er ist auch schon einige Jahre alt und er wurde nicht für mich gestrickt, mein Schwager ist zu dick geworden. Schade, antwortet Karl, aber immer noch besser, als einen Pullover zu kaufen, zum Beispiel einen roten, und ihn jeden Tag zu tragen. Was meinten Sie mit dem Händedruck? Der Händedruck ist die Visitenkarte des Körpers, sagt Margit, ein schlaffer Händedruck verrät weit mehr über einen Menschen, als man meint. Erst wenn es ein bisschen weh tut, ist ein Händedruck gut gewesen, weswegen Ringe auf der linken Hand getragen werden sollten. Der neue Gast lacht auf und stellt seine Tasse ab. M1 mustert zuerst den Gast und dann Karl, er streift den Zettel glatt: Kommen Sie in den nächsten Tagen vorbei, wenn es die Zeit erlaubt, dann sprechen wir in Ruhe. Nur eines noch: Ich habe Sie gestern auf dem Parkplatz beobachtet, das sind die falschen Leute, so bekommen Sie ein vollkommen falsches Bild von hier.

Zwei achtzig, sagt die Wirtin, als M1 den Hut aufsetzt, sonst schummeln sich hier alle durch. Da beginnt einer und dann kommt der Nächste und dann stehen sie plötzlich alle hier: Ollmann, Schneider, Müller und wie sie heißen. Ich kenne keinen Müller, sagt M1, du wirst Mayer meinen. Nicht einmal das, sagt die Wirtin, nicht einmal auf einen Forscher Rücksicht nehmen, wir sollen doch keine Namen nennen. Sie sind eingeladen, sagt Karl, noch bevor M1 antworten kann. Er nimmt die Jacke von der Garderobe, er hebt die Hand, er lässt sie lange erhoben und geht so zur Tür hinaus.

Die falschen Leute, wiederholt die Wirtin, und ihn dann dorthin schicken, sie schüttelt den Kopf. Sie wendet sich Karl zu: Aber wie Sie meinen, Sie müssen wissen, was Sie wollen.

Kaffee, ruft der neue Gast, als zu hören ist, wie M1 die Haustür ins Schloss fallen lässt. Gleich, sagt die Wirtin und geht hinaus auf den Gang. Karl folgt ihr, er sieht auf den gesprenkelten Boden, Annemaries Leine hat er am Gürtel befestigt, so hat er die Hände frei, die Wirtin bleibt vor dem Familienfoto stehen, es hängt wieder schief an der Wand. Merken Sie sich, sagt sie: Tu niemandem etwas Gutes, dann tut dir niemand etwas Schlechtes. Karl zieht Annemarie zurück, die zur Tür hinaus möchte. Woher haben Sie das? Die Wirtin sagt: Ich sperre jetzt hier ab, wenn Sie ins Freie möchten, geben Sie Bescheid, der Schlüssel bleibt bei mir. Und wie erklären Sie das den neuen Gästen, Sie können nicht abschließen, die wollen doch hinaus. Sollen Sie doch, beginnt die Wirtin, sie kniet nieder und streicht über Annemaries Kopf. Annemarie schleckt über das Gesicht der Wirtin, sie wischt es schnell mit dem Geschirrtuch ab. Vielleicht haben Sie recht, vielleicht ist das Absperren tatsächlich keine Möglichkeit. Kann Annemarie in der Nacht bei Ihnen auf dem Zimmer bleiben? Was ist eigentlich das Problem hier?, fragt Karl und richtet das Familienbild an der Wand gerade. Was machen Sie da? Es hängt schief. Das soll so sein. Also, kann Annemarie bleiben, sie fühlt sich sehr wohl bei Ihnen. Wenn Sie, beginnt Karl, ein Telefon läutet und die Wirtin läuft hinein in die Gaststube, der neue Gast hält die leere Kaffeetasse hoch.

Die Sonne vom Himmel holen

Du warst verreist, deshalb, ja, und wer hat meine Anrufe weggedrückt? Das Ausland, die Kosten, ach so. Urlaub, schön, mit Veronika, ja. Ja, es tut mir leid, ich werde bald nach Hause kommen, ein paar Gespräche noch. Margit, schrei nicht so. Margit, hallo?

Also gut, wir atmen drei Mal tief durch und beginnen von vorn. Eins. Liebe Margit, ich freue mich, deine Stimme zu hören, ich freue mich, dass du dich im Urlaub gut erholen konntest. Einen Sonnenbrand im November, das ist äußerst ungewöhnlich und ein gutes Zeichen. Wofür, das weiß ich nicht. Am Strand seid ihr gelegen, wie schön, ich freue mich für dich. Ich freue mich für dich, aber wollten wir zwei nicht auch schon lange – Margit? Nein, ich dachte nur, die Verbindung ist abgebrochen. Was bei mir geschehen ist? Alles und nichts, ich habe einen Baum gefällt und ich soll mit einer Frau sprechen, Montag um neun Uhr früh. Ich weiß, das ist eine schlechte Zeit, ich weiß, denkst du, Margit? Margit, entschuldige, ich wollte nicht, ich verspreche aufzupassen, ich weiß, dass du mir helfen möchtest. Danke. Margit? Ich danke dir dafür. Es ist schön, deine Stimme zu hören, und ich freue mich, dass du einen schönen Urlaub hattest, auch wenn ich nichts davon wusste, du hättest Bescheid geben sollen. Wie bitte? Ich weiß, ja. Ja, ich weiß, dass auch ich nicht Bescheid gegeben, dass ich nicht abgehoben habe, aber das ist die Aufregung gewesen. Margit? Allerheiligen, ja, es tut mir wirklich leid, ich hätte sagen sollen, dass ich doch nicht komme. Wie meinst du das? Wir haben uns die Sonnen vom Himmel geholt? Wir haben doch nur eine. Margit? Nein, ich will nicht, ja, ich weiß, wie unangenehm das alles für dich ist, die Fragen, ich weiß, was sie sagen, es ist mir. Hallo?

Karl legt das Telefon auf den Tisch, nachdem er noch zwei Mal versucht hat, Margit zu erreichen. Siehst du, dort: Ich habe keine Sonne vom Himmel geholt, sie ist immer noch da. Er sieht hinüber zu Annemarie, die auf dem Teppichboden sitzt und sich mit dem Hinterbein kratzt. Von Annemarie hat er nicht erzählt, nicht von der Wirtin und dem neuen Gast, der im Zimmer nebenan zu laut fernsieht. Davon, dass er dazwischengehen möchte, wenn ein Paar sich umarmt, dass er in die Mitte genommen werden oder die beiden voneinander trennen möchte: Bitte hören Sie auf damit, es schmerzt zu sehr; dass er sich an manchen Tagen selbst umarmt, besonders an den kalten. Karl legt sich auf das Bett, er klopft auf seinen Oberschenkel und Annemarie steigt vorsichtig herauf, zuvor schaut sie noch zur Tür. So schlafen sie ein, Annemarie ist schwer und warm, sie riecht nicht gut.

Ein Gespräch beginnen

Ein schlechtes Wetter haben wir, sagt der neue Gast, als er neben seiner Frau Platz nimmt, die schon länger hier sitzt und auf ihr Rätselbuch starrt. So ein schlechtes Wetter, und das im Urlaub. Der neue Gast nimmt einen Zahnstocher aus dem Behälter am Tisch. Was gibt es heute Abend? Das Postschnitzel, antwortet die Wirtin und lächelt. Was ist das? Das Hausschnitzel. Das Hausschnitzel? Man könnte sagen, es hat einen mediterranen Einschlag, das Hausschnitzel ist ein Putenschnitzel, gefüllt mit Basilikum und Frischkäse. Gut so, sagt der neue Gast, ich mag Italien, und: Schade, dass es den Grillabend im Winter nicht gibt. Ist Horst nicht da? Es ist Herbst, ich bin allein. Schade, er ist immer so lustig gewesen. Die Wirtin geht in die Küche: Eine Weile dauert es noch, ich habe den Reis gerade erst aufgesetzt. Keine Eile, sagt der Gast, wir möchten heute ohnehin nirgends mehr hin.

Der Mann trägt den roten Pullover wie in den Tagen zuvor und Karl überlegt, wie lange das Ehepaar bereits hier ist, es kommt ihm sehr lange vor. Margit hat nicht abgehoben, sie wird in der Arbeit sein, aber sie könnte doch auch in der Arbeit Hallo sagen. Hallo, und: Karl, sorge dich nicht, ich bin nur vorübergehend böse. Am Festnetz möchte es Karl nicht versuchen, weil er nicht an Margits Kolleginnen geraten will. Karl, würden sie lachen, Karl. Ja, hier ist Karl, würde er wiederholen, warum lacht ihr so? Wenn Margit wieder verreist wäre und er nichts davon wüsste, wenn sie sagen würden: Du suchst deine Frau am falschen Ort. Wie sie durch die Büros gehen und lachen würden: Jetzt weiß Karl Hellmann nicht, dass seine Frau auf Urlaub ist. Nein, so nicht, hat Karl beschlossen und einundzwanzig Mal hintereinander bei Margit angerufen. Einundzwanzig Mal, zum einen, weil sie sich am einundzwanzigsten Februar kennengelernt haben, zum anderen und vor allem deswegen, weil Margits Telefon danach nicht mehr klingelte und er nur die Mobilbox erreichte.

Eine Woche noch oder zwei, denkt Karl, das schaffen wir. Wie sagte Margit? Wenn es die Richtige ist, ist sie es auch in fünf Jahren noch. In seinem Zimmer war Helmut gesessen, er hatte sich schon ein paar Tage verkrochen. Und was ist, wenn dann ein anderer wichtiger ist? Dann war sie nicht die Richtige. Helmuts Blick war trüb, Margit riss die Fenster auf. Wenn es so sein soll, wird es so sein, steh auf, Karl hat Apfelschlangen gebacken.

Die Frau kaut an einem Bleistift, sie nimmt ihn aus dem Mund und trägt etwas ein, das sie wenig später wieder ausradiert, ihr Mann legt die Serviette um, die Wirtin hatte sie zu einem Fächer gefaltet. Das Radio läuft wieder lauter als in den Tagen zuvor, die Wirtin wirkt entspannter, ihre Lippen sind ungeschminkt, die Schürze hat sie abgelegt. Vielleicht dauert es jedes Mal eine Weile, bis sie sich an neue Gäste gewöhnt, denkt Karl, vielleicht hat sie sich bei meiner Ankunft ähnlich verhalten. Karl überlegt, wie es war, als er zum ersten Mal die Gaststube betreten hat. Das Radio war ihm nicht aufgefallen, aber der Stapel Zeitungen auf der Bar, die Plastiksonnenblumen auf den Tischen und das Brett an der Wand, wo an jedem Nagel ein Schlüssel hing, die Schlüssel waren mit roten Plastikschildern versehen, nur eines war blau.

Karl sieht hinüber zum Schlüsselbrett hinter der Bar, zwei Schlüssel fehlen. Mit der Absicht, in Ruhe seine Notizen zu lesen und dabei ein Bier zu trinken, ist er vor dem Abendessen heruntergekommen. Vielleicht würde die Wirtin mit ihm sprechen, dachte er, vielleicht würde ihm das helfen, und zumindest würde er den Geräuschen des Fernsehers aus dem Nebenzimmer entkommen und dem Lachen des neuen Gastes, es ist laut und hell. Ich bin es nicht gewöhnt, mit Nachbarn zu leben, am Jupiterweg sind wir ungestört, die Nachbarin verreist oft, verreist ist das falsche Wort, sie übernachtet drei Kilometer weiter bei ihrem Lebensgefährten, wie sie ihn nennt. Er kommt nicht gern zu uns, nicht Fisch und nicht Fleisch sagt er, wenn er in unserer Siedlung ist. Wir haben Gärten. Ja, die Gärten sind schön, aber ich habe auch schon größere gesehen. Margit mag ihn aus Gründen, die sich mir nicht erschließen, der Lebensgefährte Ludwig ist ein unangenehmer Mann. Unangenehm, aber wenigstens bringt er uns eine ruhige Nachbarschaft, sagt sie, und das seit Jahren.

Vor dem Verlassen des Zimmers stampfte Karl zwei Mal auf den Boden, um dem neuen Nachbarn bewusst zu machen, dass er nicht alleine ist. Der Fernseher wurde davon nicht leiser und das Lachen war wenig später ebenfalls wieder da, es hörte nicht auf, als Karl die Schranktür heftig schloss. Manche Menschen deuten die Hinweise der anderen falsch, mit Zeichen verlierst du in einem Großteil der Fälle, würde Margit sagen, weil du nicht weißt, wie sie beim Gegenüber ankommen. Karl strich in der Luft über Margits Kopf, er zog seine Hand schnell zurück, als er bemerkte, was er tat, und beschloss, nach unten zu gehen.

In der Gaststube saß Karl nur kurz allein. Sie essen ohnehin alles, hatte die Wirtin gesagt, als sie kurz aus der Küche kam, um nachzusehen, wer gekommen war. Ich versuche heute etwas Neues, ich nenne es das Postschnitzel. Das klingt, als ob Sie das schon lange machen, ein Hausgericht zweifelt ein guter Gast nicht an. Ja, das Putenfleisch war im Angebot, Annemarie kann die Reste haben. Essen Sie denn nichts? Ich esse kein Fleisch, das wissen Sie doch. Ja, aber eine Pute ist doch, manche essen doch Fische, Hühner oder Puten. Fische ja, Hühner nur wenn es sich nicht vermeiden lässt, aber niemals Pute, die ist ein hässliches Tier.

Es dauerte nicht lange, bis die Frau kam, was Karl nicht störte, weil sie sich still verhielt. Aber ihr Mann stört ihn, allein der Pullover, wieder der rote. Mit einem Kopfnicken geht er an Karls Tisch vorbei und Karl nickt zurück, Annemarie hebt ebenfalls den Kopf.

Lösen Sie auch Rätsel?, fragt der Mann, als er von der Toilette zurückkommt und vor Karls Tisch stehen bleibt, was machen Sie da? Er zupft seinen Pullover zurecht. Karl schaut zu ihm hoch: Nein, oder zumindest nicht, was man im herkömmlichen Sinn unter einem Rätsel verstehen würde. Sie gestatten?, fragt der Mann und nimmt neben Karl Platz. Bitte, Karl rutscht ein Stück zur Seite, er räumt die Unterlagen weg und verdeckt sie mit seiner Tasche, so dass der Mann nicht lesen kann, was er geschrieben hat. Woran arbeiten Sie?, fragt er. Das zu erklären würde zu viel Zeit in Anspruch nehmen. Wie lange braucht Reis, bis er durch ist? Das kommt auf die Sorte an, aber ungefähr zwanzig Minuten. Gut, so lange bleibe ich, dann muss ich wieder zu meiner Frau. Evelyne, ruft der Mann durch den Raum, stört es dich? Nein, sagt sie ruhig, aber bestimmt, bleib nur, wo du bist.

Also?, fragt der Mann. Ich forsche, antwortet Karl und greift nach einem Stift, wie soll ich sagen, ich erhebe, wie es um unsere Gesellschaft steht. Der Mann schlägt die Beine übereinander und stößt dabei an den Tisch, er nickt und sieht Karl aufmerksam an. Ich befrage die Bevölkerung, so etwas gelingt nur im direkten Gespräch. Und Sie forschen nur hier?, fragt der Mann mit ernster Stimme, er nimmt einen Zahnstocher aus dem Behälter, löst ihn aus dem Papier, er steckt ihn zwischen seine Schneidezähne. Karl kann nicht aufhören, hinzuschauen. Achtung, hört er Margit sagen, manchmal kommst du in einen Redeschwall, wenn dir eine Situation unangenehm ist, was heißt manchmal, viel zu oft, du redest dein Gegenüber in Grund und Boden, wenn man dir die Möglichkeit lässt. Margit, du weißt gar nicht, wie ich mich gebessert habe in den Wochen hier, und wir haben gerade erst unser Gespräch begonnen. Ich mag den alten Karl zurück. Es gibt kein Zurück, es geht nur nach vorn. Karl, du weißt, wovon ich spreche.

Ist etwas?, fragt der Mann und zieht den Zahnstocher aus dem Mund. Nein, ich war nur kurz in Gedanken, was möchten Sie wissen? Ob Sie nur hier forschen oder auch an anderen Orten gewesen sind, und außerdem, wir haben uns noch gar nicht vorgestellt. Hirsch ist mein Name, Rudolf Hirsch, und dort sitzt meine Frau Evelyne. Karl Hellmann, angenehm, Evelyne ist ein schöner Name. Ja, das finde ich auch, aber zurück zu meiner Frage: Sind Sie schon an anderen Orten gewesen? Karl seufzt, dann antwortet er: Nein, ich habe gerade erst begonnen. So, sagt Hirsch und steckt den Zahnstocher wieder in den Mund. Und Sie sind also Glücksforscher? Das habe ich nicht gesagt, antwortet Karl, wie kommen Sie darauf? Hirsch macht eine lange Pause, dann legt er den Zahnstocher auf den Tisch und spricht mit Blick auf die Küchentür leise weiter: Mir wurde von Ihrem Fragebogen erzählt. Bhutan, sagt Hirsch, nachdem Karl schweigt. Er beugt sich zu Karl hinüber: Bhutan, das Bruttonationalglück, ich habe eine Dokumentation gesehen, sehr interessant.

Dann lehnt sich Hirsch wieder zurück und mustert Karl. Dass er mit hoher Wahrscheinlichkeit dieselbe Sendung gesehen hat, sagt Karl nicht, dass Helmut ihm daraufhin die Fragen besorgte, weil er nicht mehr aufhörte, davon zu sprechen. Wie sehr er sich darauf freute, mit Margit die Fragen durchzugehen, und wie lange es dauerte, sie dazu zu überreden. Wie er sie schließlich doch dazu gebracht hatte und sagte: So müsste man das machen, darin könnte die Lösung liegen. Wie Margit müde antwortete: Ja, Karl, bestimmt. Das alles erzählt Karl nicht.

Nun ja, sagt Karl stattdessen, der Ausgangspunkt mag ähnlich erscheinen, die Erforschung von Bedingungen, unter denen wir glücklich sind, aber ich bevorzuge das Wort Zufriedenheit, spricht man vom Glück, werden oft falsche Erwartungen geweckt. Das individuelle Glück, das all die Ratgeber versprechen, soll hier nur eine untergeordnete Rolle spielen. Man könnte sagen, wir beschäftigen uns mit der kollektiven Lebenszufriedenheit und gehen der Frage nach, Karl schaut auf sein Bier. Halt, Karl, stopp, hört er Margit flüstern, er hebt das Glas: Möchten Sie nichts trinken? Doch, ich hole mein Glas.

Der Fragebogen, denkt Karl, während er Hirsch zusieht, wie er zu seinem Tisch geht, vielmehr beschäftigt uns die Frage, woher diese Angst kommt, die in unsere Gesellschaft dringt. Wie der Flügelknöterich, einmal im Garten, werden Sie bald keine Stelle mehr finden, wo er sich nicht ausgebreitet hat. Welcher Flügelknöterich?, würde Hirsch bestimmt fragen. Hier kommt er, er wird gleich wieder Platz nehmen, nein, er kehrt noch einmal um. Dieses Katastrophen-, dieses Krisengefühl, dass etwas zu Ende geht, würde Karl antworten, und wir wissen nicht, was danach kommen soll, diese Angst vor der großen Unbekannten, auf die wir zusteuern, als Betroffene und Beobachtende zugleich. Und weshalb dann Bhutan?, könnte Hirsch fragen, woraufhin Karl sagen würde: Glück klingt besser als Angst, oder: Ich weiß es doch auch nicht mehr.

Und welche Bedingungen es sind, die ein zufriedenes Leben ermöglichen, das möchten Sie hier herausfinden?, fragt Hirsch, als er wieder Platz nimmt. Irgendwo müssen wir beginnen, antwortet Karl. Wir, denkt er und schaut zur Decke, er bemerkt, dass er die Arme verschränkt hat. Achte auf deine Körperzeichen, hört er Margit sagen. Karl legt unauffällig die Hände auf den Tisch und dreht die Handflächen nach oben. Keine Angst, hört er Margit flüstern, so durchschaut Hirsch dich nicht.

Aus der Küche ist ein Prasseln zu hören, kurz darauf ein Fluchen. Ob ich gern koche, kann ich nicht sagen, aber ich koche, sagte die Wirtin, als sie Karl zum ersten Mal das Abendessen auf den Tisch stellte, er lächelt, als er sich daran erinnert. Annemarie schleckt und beißt an ihrem Bauch, sie hört nicht auf damit, Karl überlegt, ob sie ein Problem haben könnte, ob irgendwas mit Annemarie nicht in Ordnung ist, was auch für ihn Folgen haben könnte. Flöhe, denkt er und gibt ihr einen leichten Tritt, damit sie aufhört und er das Gefühl los wird, dass sein Bauch juckt, er streicht mit der Hand über den Pullover, woraufhin Hirsch sagt: Ich bin ebenfalls hungrig, erlauben Sie mir noch eine Frage: Nach welcher Methode gehen Sie vor?

Karl zieht die Hand zurück, er verschränkt seine Finger. Nun, sagt er, ich taste mich vorsichtig voran, ich höre mich um, ich lasse mich von einem Gespräch zum nächsten treiben. Hirsch schaut regungslos geradeaus, als ob ein Loch in der Wand wäre und nur er erkennen kann, was dahinter ist. Er nickt, als Karl von Bhutan spricht, er nickt, als Karl erzählt, dass der Fragebogen angepasst werden musste und auch andere Faktoren berücksichtigt als jener aus Bhutan, dass man hier im Grunde genommen nicht nach der nächtlichen Angst vor Gespenstern fragen könne, er es aber trotzdem tue, um kulturelle Unterschiede aufzuzeigen.

Von einem Gespräch zum nächsten treiben, wiederholt Hirsch, ich dachte, die Wirtin sucht Ihnen die Adressen heraus. Anfangs, ja, sagt Karl und ärgert sich, aber wir sind schlecht vorangekommen, ich habe das System umgestellt.

Aus der Küche ist wieder ein Prasseln zu hören und diesmal die Wirtin, die zur Melodie der Wetternachrichten pfeift, es klingt heiser und falsch. Karl streichelt Annemarie, Hirsch greift nach einem Bierdeckel, er dreht ihn eine Weile am Tisch, dann sagt er: Ich habe bereits davon gehört, dass Sie Probleme haben. Wie bitte?, fragt Karl, er zieht seine Hand ruckartig zurück, ich habe keine Probleme. Herr Hellmann, es ist mir zu Ohren gekommen, wie soll ich es ausdrücken, ich habe gehört, dass Sie Probleme dabei haben, Menschen zu finden, die mit Ihnen sprechen möchten. Dass besonders Frauen Sie meiden, dass Ihr Aufenthalt unter schlechten Karten steht. Der Mond, die Wächter, Schakale, flüstert er und verschränkt die Arme vor der Brust. Unsere Gastgeberin hat davon gesprochen, dass Sie nur äußerst langsam vorankommen, dass Sie anfangs von einem zweiwöchigen Aufenthalt ausgegangen waren und jetzt schon viereinhalb Wochen hier sind. Sie hat mich gebeten, es für mich zu behalten, aber ich könnte Ihnen behilflich sein. Die Wirtin? Frau – ich möchte keine Namen hören, unterbricht ihn Karl, es soll alles ohne Namen bleiben, ich brauche keine Hilfe, ich komme gut voran. Ja, sagt Hirsch, ich weiß.

Mit der einen Hand greift Hirsch zum Salzstreuer, mit der anderen winkt er seiner Frau zu, die in diesem Moment von dem Rätselbuch hochschaut. Lass ihn zu, sagt sie und er nickt: Habe ich ihn jemals aufgeschraubt?

Zu Karl gewandt flüstert er: Das ist ein schöner Streich, den Deckel aufdrehen und ihn danach nur locker darauflegen. Besser als Zucker im Salzstreuer, weil die Person so mehr erschrickt. Das ist mein Salzstreuer, antwortet Karl, man spielt keine Streiche und ich komme hier gut zurecht.

Danach ist eine Weile lang nichts zu hören, Karl möchte Hirsch auf seinen Pullover hinweisen und darauf, dass der Zahnstocher auf seinen Schoß gefallen ist.

Ich habe auf vielen Messen gearbeitet, beginnt Hirsch leise und spricht mit ruhiger Stimme, ich weiß, wie es ist, wenn man versucht, jemanden zu erreichen und wieder und wieder zurückgewiesen wird. Guten Tag, Hirsch mein Name, dürfte ich – Man darf nie um Erlaubnis fragen, dann hat man schon verloren. Ich weiß, wie man Menschen erreicht, so etwas lernt man nicht von heute auf morgen, das ist jahrelange Übung, das sind tausend Nein und noch viel mehr Blicke, die einen streifen, als wäre man Luft.

So, sagt Karl, weil ihm nichts anderes einfällt, noch während er es sagt, ärgert er sich, weil er Hirsch nicht zuhören, weil er sich nicht belehren lassen möchte. Er könnte sagen: Herr Hirsch, ich weiß, wie man Leute erreicht. Ich habe Tausende Broschüren auf der Straße verteilt, ich habe tausend Mal gesagt: Ihre Stimme ist wichtig, bitte wählen Sie und am besten uns. Nur manche fragten, weshalb. Du läufst und du läufst, auch wenn es für etwas ist, was mit deiner Idee nichts mehr zu tun hat. Ich habe Tausenden Menschen zugesehen, wie sie die Broschüren wegwarfen, ohne sie zu lesen, ich freute mich über die paar Schritte, die sie das Papier mit sich trugen, und ich schrubbte täglich meine Hände, die abends bunt waren von der Druckfarbe.

Aber Karl erzählt nicht und Hirsch hört nicht auf, er beugt sich näher hinüber, er flüstert fast: Das Geheimnis ist, den Leuten den Weg abzuschneiden, wenn Ihnen das gelingt, gibt es kein Entkommen mehr. Den Weg abschneiden, wiederholt Karl und hofft, dass das Essen bald fertig ist. Richtig. Kommt Ihnen jemand entgegen, fixieren Sie die Person und nähern sich freundlich und ohne zu zögern, Sie gehen ein Stück mit, am besten so, dass sie leicht gegen eine Mauer oder Wand gedrängt wird, jedenfalls keine Möglichkeit hat, Ihnen auszuweichen. Dann grüßen Sie und verwickeln Ihr Gegenüber mit einer scheinbar absichtslosen Frage in ein Gespräch, am besten etwas, dass es mit der Umgebung verbindet. Bei den Senioren wäre das zum Beispiel: Wo ist der Informationsschalter? Auf einer Hundemesse fragen Sie: Suchen Sie auch die Labradore? Labradore, heißt das so?, fragt Karl. Das müssen Sie wissen, ich besitze keinen. Sehen Sie, und damit haben wir ein Gespräch begonnen. Noch besser ist, wenn Sie die Personen duzen, das schafft Nähe, ich gehe selbst bei geschäftlichen Kontakten so vor. Der nächste Schritt ist, das Gespräch absichtslos weiterzuführen, bis das Gegenüber sich einigermaßen wohlfühlt, bis es Vertrauen fasst, den Moment kann man mit den Jahren immer besser abschätzen. Dann schlagen Sie zu.

Aber das ist doch eine vollkommen andere Situation, sagt Karl, das hat doch nichts mit meinen Befragungen zu tun, ich möchte nichts verkaufen. Sie irren, sagt Hirsch und erhebt sich, als er die Wirtin aus der Küche kommen sieht, das Ziel ist dasselbe, ob Sie ein Produkt oder sich selbst verkaufen spielt keine Rolle. Wenn Sie noch mehr Tricks wissen möchten, ich helfe Ihnen gerne, es regnet ohnehin, geben Sie Bescheid, wann Ihre nächste Befragung ist, ich begleite Sie gern.

So, sagt die Wirtin und stellt Karl einen Teller hin, Sie mögen es bestimmt gut durch. Danke, ich komme mit allem gut zurecht. Und vor allem bin ich sehr zufrieden mit dem Fortschritt meiner Studie, so zufrieden, dass ich die verbrannten Stellen abkratzen werde, ohne mich zu beschweren. Ich beschwere mich nicht, nein, ich bin ein guter Gast, und wenn mich etwas stören würde, würde ich es sagen und nicht vorher mit jemand anderem darüber sprechen.

Die Wirtin sieht ihn lange an, sie sagt: Der Regen drückt uns allen auf den Kopf, das können Sie ruhig so essen, das ist nur ein bisschen braun. Dann dreht sie sich um und holt die beiden anderen Teller aus der Küche

Ich esse viel zu gern

Ich hatte den Mond im Mund, und du sagtest: Mach schnell zu, er soll uns nicht verloren gehen. Schau, sagtest du, ich habe etwas mitgebracht. Was ist das, wollte ich fragen, aber ich hielt den Mund geschlossen. Ein Spielzeug, flüstertest du und lachtest, schau, nimm. Was ist das?, wollte ich fragen, die Blechfigur auf meinem Schoß. Schraub auf, sagtest du. Und jetzt?, wollte ich fragen. Das ist die Asche eines Vogels, den du als Kind hineingegeben hast. Ach so, sagte ich und der Mond flog heraus, er fiel zwischen uns auf den Tisch. Zum Glück nicht auf das Essen, sagtest du, ich esse viel zu gern.

Zweihundertvierundfünfzig Kilometer

Manchmal siehst du Dinge, die es so nicht gibt, sein Auto war doch rot gewesen. Vielleicht ist es doch überstürzt gewesen. Aber warum sollten sie dir folgen, Karl? *Wenn Sie nachts durch die Straßen gehen: Wie sicher fühlen Sie sich vor Gespenstern?* Karl schüttelt den Kopf und lehnt ihn danach gegen die Kopfstütze. Die Orchidee werden wir ans Küchenfenster stellen, dort hat schon die vorige gut überlebt. Weiß soll sie blühen und nicht zu klein. Margit wird lächeln, wie damals, als wir uns kennenlernten. Sie wird den grünen Pullover tragen, den sie im Winter überzieht, wenn sie zu Hause ist und keinen Besuch erwartet, schön zieht sie sich nur für draußen an. Meine Margit, sagt Karl laut und sieht auf die Tankanzeige. Die Nadel, kurz unter dem roten Strich, sie zittert nicht mehr wie die im Auto zuvor. Würde Karl auf den richtigen Knopf drücken, könnte er ablesen, wie weit der Sprit noch reicht, aber Margit ist nicht hier, sie wüsste, wie das geht.

Was Margit zu Zobl gesagt hat, ich weiß es nicht. Vielleicht: Karl ist bereits fünf Wochen weg. Vielleicht: Karl ist fort. Karl ist weggegangen. Karl Hellmann, ich kenne ihn nicht. Aber Sie heißen doch auch so. Vielleicht: Ich nannte ihn Karl, so wie alle anderen auch. Warum einem Menschen einen anderen Namen geben, wenn er bereits einen guten hat. Margit ist ein praktischer Mensch. Karl, würde sie an dieser Stelle sagen, hör auf, in Schubladen zu denken. Ein praktischer und ein ausdrucksstarker Mensch. Karl, unterbrich mich nicht. Spätestens jetzt würde ich versuchen, sie zu kitzeln, um ihre schlechte Laune zu vertreiben. Nein, so nicht, würde ich sagen. Doch, so schon, würde sie antworten, ihre Arme verschränken und mich wegstoßen. Ich würde so lange nicht aufhören, sie zu kitzeln, bis wir auf der richtigen Seite angekommen sind. Was ist richtig und was ist falsch? Die richtige Seite ist, wenn ich weiß, jetzt ist es gut. Es wird nicht immer alles gut werden. Aber manchmal schon. Spatzen zwitschern nicht. Was hat das damit zu tun? Du hast mich gerade Spatz genannt, ich mag das nicht. Ich weiß. Bei einem Spatzen kann von Zwitschern keine Rede sein, mir ist die Amsel lieber. Ich weiß. Margit? Ja. Ich hatte in letzter Zeit eigenartige Erlebnisse mit Vögeln, sei mir nicht böse, aber ich möchte eine Weile nichts mit ihnen zu tun haben. Ich dachte, es geht darum, was ich sagen würde. Ja, nur darum, aber lassen wir die Vögel weg.

Karl kreist den Kopf, es knackt im Halswirbelbereich und er bremst ab. Wenn einen die Angst erwischt, weil man zu spät aufgebrochen ist, wenn einen die Angst vor der Ankunft nicht loslässt, ist das Dazwischen der angenehmste, ein luftleerer Raum. Der Verkehr ist stärker geworden, der Nebel hat zugenommen, Karl reiht sich zwischen zwei Lastkraftwagen ein, es erscheint ihm sicherer so. Einmal links und einmal rechts blinkt er, wie Helmut es erklärte: Das ist unsere Art, danke zu sagen. Der Fahrer hinter ihm blendet drei Mal auf und wieder ab, Karl freut sich, dass er zurückgegrüßt wird. Er dreht am Lautstärkenregler des Radios. Wenn eine Musik da ist, muss sie in den Vordergrund, denkt er und daran, dass Margit es mag, wenn die Musik sie trägt. Das ist auch der Grund, dass ich ohne dich tanzen gehe, sagt sie an manchen Tagen, wenn sie zu ihrer Tanzgruppe aufbricht. Die Treffen finden in regelmäßigen Abständen an Wochenenden statt, Karl hat vergessen, ob es jeder erste oder zweite Sonntag im Monat ist, Veronika begleitet sie. Das ist kein Paartanz, Karl, wir tanzen alle gemeinsam, komm doch mit, du lernst es schnell. Karl lehnte ab und er wunderte sich über die Schritte, die Margit zu Hause übte. Zur Aufführung zog sie eine schwarze Hose und eine rote Bluse an, der Hut war ebenfalls schwarz. Weißt du, wenn wir alle gleich gekleidet sind, wirkt es besser. Karl nickte, als er neben Margit im Auto saß, sie war aufgeregt und er auch. Karl war so aufgeregt, dass er vollkommene Müdigkeit verspürte, während er auf Margits Auftritt wartete. Er stand neben Josefs Schwester, gemeinsam warteten sie darauf, dass die Mitternachtseinlage beginnen würde. Karl wusste nicht, was er sagen sollte, bis vor Kurzem hatte Margit das Sprechen übernommen und dem Gespräch die Richtung vorgegeben. Wenn ich aufgeregt bin, stelle ich mich tot. Andere bekommen. Ist gut, Karl. Während ich einfach nur müde werde.

Karl wartete, er wurde müder und müder, bis das Licht sich änderte und die Gruppe den Raum betrat. Sogar das Licht haben sie der Kleidung angepasst, flüsterte Karl und Josefs Schwester nickte. Sie trug ein rotes Kleid, Karl wusste nicht, ob es Zufall oder Absicht war, aber dann fiel ihm auf, dass auch seine Hose schwarz war. Wie Margit, dachte er und an Pärchen, die zum Spazierengehen Funktionsjacken in den gleichen Farben überziehen. Karl wusste nicht, wohin mit seinen Händen, er wollte sie nicht kritisch vor der Brust verschränken, er entschied sich für die Hosentaschen. Es begann mit einem Einzählen und einem Klatschen, die Musik wurde schneller und die Mitglieder der Gruppe, die sich mehr oder weniger geordnet, Veronika stand ein wenig zu weit links, in Reihen aufgestellt hatten, begannen die Schritte zu gehen, die Margit zu Hause so lange geübt hatte. Karl begann im Rhythmus der Musik zu klatschen und der Rest des Publikums setzte ein, nur Josefs Schwester nicht. Ich wusste nicht, wo ich mein Bier abstellen sollte, sagte sie später und Karl wunderte sich, weil man doch auch klatschen kann, wenn man eine Flasche unter den Arm geklemmt hat. Vielleicht wollte sie einfach nicht, sollte Margit noch später sagen, als sie im Auto nach Hause fuhren. Margit war betrunken, aber nur ein Kenner merkt dir das an, hatte Karl zuvor zu ihr gesagt. Woran merkst du es? Dass alles, was du in den Händen hältst, nach spätestens einer Minute zu Boden fällt, Gläser und Bierflaschen ausgenommen. Komm, sagte sie, wir gehen in den Garten, und nahm ihn bei der Hand.

Man kennt jemanden und man kennt ihn nicht, dachte Karl, als er Margit wenige Meter von sich entfernt in der Gruppe ihre Schritte setzen sah, und er freute sich darüber. Ein großer Erfolg, sagte er, als Margit nach dem Schlussapplaus zu ihm kann, man kann ohne Übertreibung von einem großen Erfolg sprechen.

Was Margit sagen würde: Man hat einen Mann und man hält daran fest. Nein, das würde ich nie im Leben sagen. Man hat einen Karl und man hält daran fest. Nein, das auch nicht. Karl, du wusstest, was die oberste Regel ist. An Wintertagen mag ich das Spazierengehen nicht. Nicht die, die andere.

Wohin gehen Sie?, fragt Hirsch, in einem roten Anorak zupft er Blätter heraus, die sich zwischen der Windschutzscheibe und der Motorhaube seines roten Autos verfangen haben. Ich bin unterwegs zu einem Freund, antwortet Karl, schön, dass das Wetter wieder besser ist, jetzt, wo Ihr Aufenthalt bald zu Ende geht. Meine Frau ist krank, Hirsch lässt den Scheibenwischer zurückfallen, sie kann das Haus nicht verlassen. Das tut mir leid, antwortet Karl, es ist hoffentlich nur vorübergehend. Hirsch bindet seinen Schal neu, er wickelt ihn fest um den Hals und sieht Karl an: Sie sind auch ein großer Mann, wie groß sind Sie?

Im Haus wird ein Fenster geöffnet, die Wirtin schüttelt eine Decke aus. Hat es geholfen?, fragt Hirsch und kommt einen Schritt näher, Karl zuckt mit den Schultern. Am Vortag war Hirsch beim Frühstück aufgestanden, er war hinübergegangen zur Wirtin, die Karl den Kaffee so fest auf den Tisch stellte, dass er überschwappte. Ich hätte das nicht erwähnen sollen, sie sollen nicht streiten, es ist wichtig, dass Sie in einem guten Verhältnis zueinander stehen, sagte er und bat Karl, aufzustehen. Mit einer schnellen Bewegung packte er die Wirtin und Karl an den Schultern, er schob sie näher zusammen und drückte ihre Köpfe seitlich gegeneinander. Ich werde Sie so lange in dieser Position im Kreis drehen, bis alles wieder gut ist, die Nähe der Köpfe löst negative Energien und Barrieren, die Methode des Köpfezusammensteckens hat sich über Jahre bewährt, eins, zwei, los. Die Wirtin roch nach Alkohol und Karl wunderte sich, dass sie bereits am Vormittag trank. Alles gut, sagte er schnell, aber Hirsch antwortete: Es müssen mindestens dreißig Sekunden sein, sonst wirkt es nicht.

Ich weiß nicht, was ich mit dem Tag anfangen soll, sagt Hirsch jetzt und Karl tritt einen Schritt zurück, als er näher kommt. Ich weiß es wirklich nicht, was machen Sie heute? Sind Sie wieder mit Ihrer Glücksstudie unterwegs? Karl steckt die Hände in die Jackentaschen. Ob das eine Strategie ist, überlegt er, ob Hirsch ihn absichtlich nach einem Begriff fragt, mit dem er nichts zu tun haben möchte. Karl versucht, sich nichts anmerken zu lassen, er schaut Hirsch ins Gesicht und bemüht sich um eine freundliche Stimme. Ich bin zu einem Freund unterwegs, ich muss mich beeilen, sonst komme ich zu spät. Zu einem Freund, wiederholt Hirsch und Karl überlegt, ob Hirsch auch das auf Messen gelernt hat, dieses Wiederholen mit diesem Blick. Der Herr, der vor einigen Tagen hier gewesen ist?, fügt Hirsch hinzu, nachdem Karl schweigt. M1?, fragt Karl und ärgert sich im selben Moment darüber. Ein Freund hat einen Namen, sagt Hirsch und rückt seine Kappe zurecht, Sie wissen nicht, wie er heißt? Das tut nichts zur Sache, antwortet Karl. Aber seltsam ist es schon, sagt Hirsch und kommt noch einen Schritt näher. Sie sind seltsam, denkt Karl, er sagt: Das ist Teil meines Projekts. Ein Freund hat einen Namen, wiederholt Hirsch, Herr Hellmann, stört es Sie, wenn ich Sie ein Stück auf Ihrem Weg begleite? Jetzt ist kein Entkommen mehr, denkt Karl und an Margit und den Kurs, den Sie vor einigen Jahren belegte: *Lernen Sie erfolgreich Nein zu sagen*. Gern, antwortet Karl und nimmt die Hände wieder aus der Taschen. Gut, sagt Hirsch, er überprüft, ob das Auto abgeschlossen ist, und winkt der Wirtin, die noch immer aus dem Fenster sieht. Ihren Hund nehmen Sie nicht mit?, fragt er und sieht Karl lange an. Nein, sie ist hier gut aufgehoben und die Wirtin freut sich, wenn sie Gesellschaft hat. Hirsch hört nicht auf, Karl anzusehen: Sie haben der Wirtin den Hund gegeben? Meinen Sie nicht, dass sie bereits genug zu tun hat? Nein, antwortet Karl, sie mag Hunde, sie hätte selbst gern einen.

Wie lange Bäume trocknen

Hier biege ich jetzt ab, erklärte ich und Hirsch folgte mir, bis ich sagte: So geht das nicht. Ich gehe hier jetzt rechts entlang, zu meinem Freund, er erwartet mich. Einen Freund kennt man beim Namen, wiederholte er, und ich: Man bringt keine unangemeldeten Gäste mit, es tut mir leid. Das nächste Mal, sagte er, sagen Sie ihm bitte, dass Sie das nächste Mal einen Freund mitnehmen werden. Weshalb?, fragte ich. Meine Frau ist krank. Aber Sie reisen doch bald ab? Da hatte er sich schon umgedreht.

Sie hätten ihn ruhig mitnehmen können, sagt M1, als er ein Tablett mit einer Kanne Kaffee und drei Tassen auf den Tisch stellt. Kommt sie später?, fragt Karl. Sie ist noch bei ihrer Schwester, sie sollte bald zurück sein. Möchten Sie Kaffee?, fragt M1, mit dem Kuchen müssen wir warten, bis sie nach Hause kommt.

An diesem Tag trägt M1 ein kariertes Hemd, das feiner wirkt als die anderen zuvor, und eine dunkle Hose, das Hemd steckt darin. Was sagte sie über den gefällten Baum?, fragt Karl und greift nach der Zuckerdose. Sie schimpfte, antwortet M1, er schaut zur Tür, sie schimpfte und sagte: Warte, bis du das nächste Mal weg bist. Bis dahin hat sie es bestimmt vergessen, sagt Karl. Nein, so etwas vergisst sie nicht.

Karl überlegt, wie es sein wird, wenn sie die Haustür öffnet, zuerst die eine und dann die andere, von der ein Klopfen zu hören ist, weil der Türklopfer bei jeder Bewegung daran schlägt. Es wird eine Pause entstehen, weil sie im Vorraum die Schuhe wechseln wird. Wir haben zwei Haustüren, erklärte M1 bei Karls erstem Besuch, aber wir sperren nur die äußere ab und auch das nur, wenn wir auf Urlaub fahren. Hier fürchtet man sich nicht.

Wie lange muss der Baum trocknen?, fragt Karl, als M1 aufsteht und in den Ofen sieht, als er niederkniet, um ein Stück Holz aus der Kiste daneben zu holen. Das kommt auf das Wetter an. Ich würde gern wiederkommen, um zu sehen, wie er brennt. Reisen Sie ab?, fragt M1 und Karl hustet. An seine Abreise dachte er gestern Abend zum ersten Mal, als er den Fernsehkanal wechselte, bis er wieder am Anfang war, dann drückte er noch einmal weiter. Eine Weile lang sah Karl zwei Männern und zwei Frauen zu, die in großen Sesseln Fragen gestellt bekamen. Was haben Sie empfunden, als – was haben Sie empfunden, als die Wirtin die Karten legte?, dachte er und schlief noch lange nicht ein.

Karl hustet und M1 klopft ihm auf den Rücken, den Holzscheit hält er dabei in der anderen Hand. Danke, sagt Karl, und: Über meine Abreise habe ich noch nicht nachgedacht. Es wäre auch ein ungünstiger Zeitpunkt, jetzt, wo Sie beginnen, sich einzuleben, Sie gehen schon wie ein Einheimischer. Nein, sagt Karl, das nicht.

Nachdem M1 noch einmal in den Ofen geschaut hat, ob das Holzstück Feuer fängt, reißt er ein kleines Stuck vom Kuchen ab: Das merkt sie nicht, am besten schmeckt er warm, möchten Sie auch? Gern, antwortet Karl, aber vielleicht von der Unterseite, dann sieht man es nicht so schnell. Haben Sie den Fragebogen mit? Karl nickt. Wir könnten auch ohne sie beginnen, wir kennen uns seit vierundvierzig Jahren, ich weiß, was sie sagen wird. Sie wissen, beginnt Karl, aber dann erinnert er sich daran, dass er rechtzeitig vor dem Abendessen zurück sein wollte, um zu versuchen, Margit zu erreichen. In Ordnung, sagt er, ausnahmsweise, aber sie muss es nachher kontrollieren. Also: Geschlecht weiblich, wie alt ist sie?

Frage zehn, sagt Karl, er bedankt sich, als ihm M1 ein Stück Kuchen hinlegt: *Welche sechs oder sieben Dinge sind Ihrer Meinung nach ausschlaggebend für ein glückliches und zufriedenes Leben?* M1 überlegt kurz, dann antwortet er: Gesundheit, Freundschaft, ein Haus, Arbeit – wie viele Dinge sollten es sein? Sechs bis sieben. Gesundheit, Freundschaft, ein Haus, Arbeit, mein Mann und ausreichend Holz. Karl schreibt mit, er fragt: Meinen Sie, dass sie wirklich so antworten würde? Denken Sie, ich kenne meine Frau nicht? Doch, aber manchmal nimmt man etwas an und es verhält sich anders, als man denkt. Das Holz, fügt Karl nach einer Pause hinzu, ich habe den Eindruck, dass das von Ihnen kommt. M1 sagt nichts, er legt die Hände auf die Kaffeetasse und schaut Karl an. Gut, wie Sie meinen, ich trage es gern so ein, sie wird es ohnehin später überprüfen. Einverstanden, sagt M1. Einverstanden, wiederholt Karl, bevor er die nächste Frage liest.

Jetzt sollte sie aber wirklich bald hier sein, es dämmert schon. M1 steht auf: Das Feuer, ich bin gleich wieder bei Ihnen, man darf es nicht zu lange aus den Augen lassen. Wie viele Fragen haben wir noch? Hundertsiebzehn. Das schaffen wir. Karl stützt den Kopf auf die Hände, er ist müde und im Zimmer ist es warm. *Wie sehr vertrauen Sie*

Ihren Nachbarn? Sie vertraut den meisten, ich nur wenigen, Sie haben doch gesehen, wie er die Motorsäge zurückgebracht hat. Karl nickt. Aber die Nachbarin, mit der sie morgen sprechen werden, hat damit nichts zu tun. Dann gehen wir schnell weiter zur nächsten Frage, sagt Karl, die Zeit drängt. Sie müssen los?, fragt M1, er schneidet Karl noch ein Stück Kuchen ab. Karl wippt mit dem Fuß: Eine Stunde haben wir noch, aber dann sollte ich wirklich, Sie wissen, das Abendessen, komme ich zu spät, muss ich hungrig ins Bett. Hundertsechzehn, sagt M1, das schaffen wir, vielleicht kommt sie noch rechtzeitig zurück.

Zwölf Fragen

Wie zufrieden sind Sie mit Ihrem Leben? Wie sehr genießen Sie Ihr Leben? Wie viele Leute stehen Ihnen so nahe, dass Sie auf sie zählen können, wenn sie krank sind? Wie oft beten Sie? Haben Sie in Ihrem Leben jemals Alkohol getrunken? Frauen zwischen 15 und 49: Sind Sie schwanger? Wie weit enfernt ist das nächste Gesundheitszentrum? Woher beziehen Sie politische Informationen? Wie üblich ist Korruption in unserem Land? Haben Sie in den vergangenen 12 Monaten Bäume gepflanzt? Wie ernst nehmen Sie den Klimawandel? Kennen Sie die Namen Ihrer Urgroßeltern?

Hier blüht der Klee

Bitte, nehmen Sie Platz, hier sehen Sie gut zum Fenster hinaus. F4 schiebt einen Stuhl nach hinten, sie klopft auf die Sitzfläche und tritt einen Schritt zur Seite. Bitte sehr. F4 trägt Brille, die Fassung ist schwarz, die Bügel sind rot, sie schiebt sie auf den Kopf, als sie nach der Zeitung greift, die auf dem Tisch liegt. Dass die von der Vorwoche sei, sagt sie, dass die wegkönne, dass sie aber noch nicht dazu gekommen sei, die viele Arbeit, und Karl nimmt Platz, er holt die Unterlagen aus seiner Tasche. Eine schöne Tasche haben Sie, sagt sie, so etwas fällt mir schnell auf, ich habe einige Zeit an der Garderobe gearbeitet. An der Garderobe, wiederholt Karl, F4 nickt: bei Veranstaltungen. An der Garderobe, beginnt Karl, geben dort viele ihre Taschen ab? F4 schüttelt den Kopf und hält die Brille gegen das Licht, ehe sie sie wieder aufsetzt: Das machen nur wenige, aber ich habe ein gutes Auge für schöne Dinge, ich bin in dieser Hinsicht ein aufmerksamer Mensch.

Karl zieht einen Kugelschreiber aus seiner Hemdtasche, F4 hält sich neben ihm am Tisch fest, als ginge er verloren. Es entsteht eine Stille, die Karl mit dem Klicken seines Kugelschreibers durchbricht. Einen Anfang finden, hört er Margit sagen, oder ist es eine andere Stimme, die da spricht? Einen Anfang finden, das vorher Gehörte ausblenden, unbelastet ein Gespräch beginnen. Die Wirtin vergessen, M1 und den Mann auf der Straße vorhin. F4 trägt die Haare lang, sie ist durchschnittlich groß, was bedeutet durchschnittlich? Etwas kleiner als die Wirtin. Die Wirtin vergessen, die Gaststube, M1, dessen Haus so nahe ist. Karl räuspert sich, es ist ihm unangenehm, dass sich F4 ihm so nahe an der Tischplatte hält, er räuspert sich erneut und sie sagt: Ich mochte den Garderobendienst, auch wenn es manchmal länger wurde. Es blieben immer Jacken über, und jedes Mal kam jemand, der seinen Ausgabeschein verloren oder Angst davor hatte, ihn verloren zu haben, Sie glauben nicht, wie viele sich davor fürchten, ihren Ausgabeschein verloren zu haben. Rosa Papierstreifen, man findet sie leicht wieder, wenn man sich nur ein wenig bemüht, den meisten gelingt das nach kurzer Zeit. Karl nickt, er kennt diese Angst, er hat sie jedes Mal, wenn er an eine Garderobe kommt, weshalb Margit die Scheine aufbewahrt.

Wer nicht grüßte, den lächelte ich nicht an, es sind einige, die selbst dann nichts erwidern, wenn man sie grüßt. Aber es gibt solche und solche, und die Zeit an der Garderobe ist ohnehin vorbei. Und was machen Sie jetzt?, fragt Karl. Vollzeit, in der Pflege, ich arbeite im Altersheim. Hier im Ort? F4 nickt: Sie haben es ins Zentrum gebaut, damit die älteren Menschen etwas von den Geschehnissen im Ort mitbekommen, dass sie an Festen teilhaben und die Musik hören können, der Saal im Erdgeschoss wird manchmal für Veranstaltungen genutzt.

Altersheim, wiederholt Karl und überlegt, ob er gleich sagen soll, dass er mit diesem Begriff nichts anfangen kann. Dass er sich nicht vorstellen kann, wie ihr Tagesablauf im Detail aussieht, welchen Tätigkeiten sie nachgeht, welche Arbeit sie verrichtet. Pflege, interessant, sehr wichtig, sagt er stattdessen, weil die Frage zum Tagesablauf ohnehin später kommen wird. Es klingt spannender, als es ist, antwortet F4 und geht hinüber in die Küche, sie holt zwei Tassen aus dem Schrank. Wie möchten Sie Ihren Kaffee? Ich weiß nicht, normal. F4 nickt und legt eine Kapsel ein. Möchten Sie Schnaps dazu?, fragt sie und holt zwei Gläser aus dem Schrank. Bitte, sagt Karl und F4 lächelt. Das ist gut, dass Sie um diese Zeit schon trinken, das mag nicht jeder. Milch, Zucker? Karl nickt: Nur Zucker.

Das sind viele Schneekugeln, sagt er und zeigt auf das Regal, als F4 ihm gegenüber Platz nimmt. Sie wissen vielleicht, wie das ist, antwortet sie und blickt sich um. Man bekommt eine geschenkt, und der nächste Besuch bringt wieder eine, weil angenommen wird, dass einem das gefällt. Ist man bei der dritten angelangt, geht es immer so weiter, sehen Sie, Barcelona, New York, Paris, von überall nehmen sie welche mit. Karl nickt: Sie müssen viele Freunde haben. F4 zündet sich eine Zigarette an und bläst den Rauch zur Seite: Kinder, ich habe zwei. Beginnen wir?, fragt sie, mein Nachbar meinte, es dauert eine Weile. Karl schüttelt den Kopf, wenn wir die Fragen zügig durchnehmen, wird es bald erledigt sein.

Im Nachbarhaus werden die Rollläden geschlossen, und F4 fährt mit dem Zeigefinger den Rand der Kaffeetasse nach. *35. Wie oft hatten Sie in den vergangenen Wochen Angstgefühle?* Dazu gäbe es viel zu sagen. Kennen Sie das, Sie möchten tief einatmen und kommen nicht bis unten durch, als ob sich die Angst in der Mitte des Oberkörpers verkrochen hat und dort die Atemwege blockiert? Ein Klumpen Angst, der Ihnen vorher noch gar nicht aufgefallen war, es ist kein Erschrecken, nein, sie sitzt da fest und geht nicht weg. Karl malt einen Kreis auf den Fragebogen, er wartet, dass F4 weiterspricht. F4 trinkt einen Schluck und verzieht das Gesicht, ehe sie die Tasse wieder abstellt. Aber Sie haben ein schönes Haus, sagt Karl. Darf ich Ihnen noch etwas zu trinken anbieten?, fragt sie und Karl schüttelt den Kopf. Hier ist es besser zu schweigen als zu fragen, denkt er.

Was hilft?, fragt F4, nachdem sie die Tasse eine Weile im Kreis gedreht hat. Ich kümmere mich um die Kakteen, sie haben mir viel Schmerz genommen. Ich kümmere mich um die Kakteen und ich richte meinen Blick auf die guten Dinge. Sie können das gern lesen, ich schreibe alle schönen

Momente auf, sagt sie und holt ein Heft von der Küchenanrichte. Hier. F4 setzt die Brille auf und hält den Zeigefinger auf die Seite, während sie liest: *Heute früher aus der Arbeit gekommen. Markus hat angerufen. Leichen vor Lampedusa, hier blüht der Klee.* Ist das nicht, beginnt Karl, aber F4 blickt nicht auf: *Der Kuchen ist gut gelungen. Was für ein Kuchen! Hautcreme überraschend im Sonderangebot. Frau auf der Bundesstraße überfahren, zum Glück kenne ich sie nicht. Ein schönes Gespräch mit Stefanie. Frau Helmholtz, die sagte: Sie tragen heute die Haare besonders schön.*

Sie können gern selbst weiterlesen, sagt F4 und legt das Heft vor Karl auf den Tisch. Danke, antwortet er und schiebt es in die Mitte, er schaut kurz auf den Fragebogen. Die kleinen Momente, flüstert F4 und ascht in die leere Kaffeetasse, die Welt ist voll von schlechten Nachrichten, wir müssen auf das Gute achten. Karl malt einen weiteren Kreis auf seine Unterlagen, er fragt: Aber die Zeitung lesen Sie noch? Wegen der Stellenausschreibungen, antwortet F4, mein Körper, die Arbeit ist anstrengend. Wegen der Stellenausschreibungen, wiederholt sie, sie greift nach dem Feuerzeug, und wegen der Kontaktanzeigen. Sie rauchen viel, sagt Karl. Ich weiß, das sollte man nicht mehr.

Vom Nachbargrundstück ist ein Hämmern zu hören, und Karl schaut aus dem Fenster. Das macht er, wenn er schlechte Laune hat, sagt F4, ohne aufzublicken, dort hinten rechts sehen Sie ihn, mit der Schaufel gegen die Dachrinne. Ich habe ihn vorhin auf der Straße getroffen, er grüßte kaum, flüstert Karl und F4 nickt. Davon hat M1, davon hat Ihr anderer Nachbar nichts erzählt. Ob das der Mann ist, der die Motorsäge leer zurückbringt, möchte Karl fragen, aber er beobachtet nur weiter schweigend den Mann und denkt darüber nach, wie es gewesen wäre, wenn er hier begonnen hätte, an der Adresse, die die Wirtin auf den Zettel geschrieben hatte. Herr Hellmann, möchten Sie noch einmal? Es ist doch nur ein Test gewesen. Mein Haus ist dazwischen, sagt F4, ich fange alles ab. Die werden einmal jemanden erschießen, aber nur sich gegenseitig, im Grunde sind sie sehr nach innen gewandt.

Karl sieht dem Mann zu, wie er die Schaufel auf den Boden wirft und gegen die Dachrinne tritt, F4 zieht den Vorhang zu. Ich dachte immer, dass es da einmal kracht, aber doch nicht so, sagte am Vortag einer im Radio über eine Achtzigjährige, die ihre Nichte erschossen hatte. Die Wirtin nickte, als der Mann sprach, sie nickte und sagte: Es gibt hier einige, von denen man das vermuten mag.

Und Sie fühlen sich hier wohl?, erkundigt sich F4, nachdem sie den Kopf geschüttelt und gefragt hat: Das wollen die in Bhutan wissen?, und Karl antwortete: Nein, Punkt 258 ist von mir. *Haben Sie eine private Pensionsvorsorge abgeschlossen?* Durchaus, antwortet Karl und ordnet den Fragebogen, die Gegend ist sehr angenehm. Die Gegend, wiederholt F4: Wo wohnen Sie? Im Hotel Post, Sie kennen es wahrscheinlich. F4 sieht Karl an, sie wendet ihren Blick nicht ab, selbst als er schon viel zu lange ist. Im Hotel Post, wiederholt sie, hat er Sie deshalb zu mir geschickt? Wer? Der Nachbar, wie nannten Sie ihn? M1, und nein, warum sollte er, ich weiß von nichts.

Wann ihre Schicht beginnt, möchte Karl fragen, was es mit der Wirtin auf sich, warum ihre Stimmung umgeschlagen hat, aber er fürchtet sich vor diesem Blick. Wie geht es ihr?, fragt F4 nach einer Weile. Gut, antwortet Karl, so weit ich das beurteilen kann, ich bin doch nur ihr Gast. F4 zündet sich eine Zigarette an, sie sagt: Die letzte heute, und Karl nickt. Es tut mir leid, aber es wäre ohnehin früher oder später so weit gekommen, sagt F4, es ist besser für sie, er ist ein schlechter Mann. Ich möchte nicht darüber sprechen, antwortet Karl, das geht über meine Forschung hinaus. Aber ich erzähle doch nichts. F4 ascht neben die Tasse und zieht die Augenbrauen zusammen. Es ist wichtig, unvoreingenommen zu sein, alles andere behindert meine Arbeit hier.

Karl schweigt, und F4 schweigt, bis sie sagt: Alle tuschelten sie, und als sie laut zu reden begannen, war es längst vorbei. Bitte, flüstert Karl, es wäre besser, wenn Sie nicht. Ein Telefon piepst und F4 greift danach, sie lächelt kurz, als sie auf den Bildschirm schaut. Entschuldigen Sie. Kein Problem, antwortet Karl, wir alle leben in unseren Telefonen und es ist ohnehin Zeit zu gehen. Ich begleite Sie hinaus, sagt F4, die Hühner werden hungrig sein. Schöne Tiere, sagt Karl, während F4 in ihre Schuhe schlüpft, ich habe sie schon öfters gesehen, als ich bei M1 gewesen bin.

Dieses Grau, dieser Regen, der nicht zu Schnee werden will, sagt F4, nachdem sie die Haustür geöffnet hat, sie vergräbt die Hände in den Jackentaschen. Ich bin zu Fuß hier, sagt Karl, als F4 nach einem Auto Ausschau hält, es ist nicht weit. Die Hennen laufen herbei, als F4 in ihre Tasche greift, die Hennen und der Hahn, sie picken auf, was sie auf den Boden wirft. Der Hahn plustert sich auf, F4 gibt ihm einen Fußtritt, er richtet sich wieder auf und schlägt mit den Flügeln, F4 tritt wieder mit dem Fuß nach ihm. Verrückter Kerl, schreit sie und zieht ein Messer aus der Jackentasche, sie hält es dem Hahn entgegen.

Ich muss jetzt wirklich los, sagt Karl, und F4 hält ihm

die freie Hand hin, ohne den Hahn aus den Augen zu lassen. Viel Glück, sagt sie, und Sie sollten zur Tankstelle fahren, die keine mehr ist. Dort sitzen sie alle, die früher bei ihr gewesen sind.

Hundertdreizehn Kilometer

Hier ist eine Tankstelle wenigstens eine Tankstelle, denkt Karl, als er das Zapfventil zurückhängt und die Nummer der Säule liest. *Fünf*, er wiederholt die Zahl, während er sein Portemonnaie sucht. Neben ihm steigt ein Mann in ein rotes Auto, auf dessen Dachträger ein Vogelhaus befestigt ist. Das Auto ist klein und das Vogelhaus groß, aber nicht so sehr, dass es im Wageninneren keinen Platz gefunden hätte. Der Mann gibt Karl ein Handzeichen, das so aussieht, als ob er erst losfahren würde, nachdem Karl die Fahrbahn überquert hat, aber sicher ist sich Karl nicht. Er bedankt sich mit erhobener Hand und geht langsam zur Schiebetür.

Vorigen Winter wollte Karl ein neues Vogelhaus kaufen, aber dann besorgte Helmut ein Stück Blech, mit dem sich die Futteröffnung wieder verschließen ließ, was Margit freute, weil sie das Vogelhaus so sehr mag, es war ein Geburtstagsgeschenk. Als sie nach der Tanzaufführung nach Hause kamen, als sie gesagt hatte: Komm, wir gehen in den Garten, nahm Margit Karl an der Hand. Karl legte den Arm um sie, aus Angst, sie könnten fallen. Margit blieb vor dem Vogelhaus stehen, es war eine helle Nacht, sie schwankte und sie sagte: Ich möchte auch in etwas so Schönem wohnen. Wie meinst du das?, fragte Karl, wir leben doch in einer schönen Wohnung. Margit sah ihn eine Weile an, dann nahm sie das Vogelhaus in beide Hände, sie drückte es fest an ihren Körper und schüttelte den Kopf.

Karl tritt einen Schritt zurück, er hält das Portemonnaie in der rechten Hand, einen großen Schritt zurück und zwei kleine nach vorn, dann öffnet sich die Tür. Auch wenn diese Tür sich nur zaghaft bewegt, ist es hier besser als dort. In der Tankstelle läuft Musik, es riecht nach aufgebackenem Brot, Karl sucht die Regale ab, er ist hungrig. Wenn man sechs Wochen immer zur selben Zeit ausgiebig gefrühstückt hat, stellt sich der Hunger pünktlich ein. Fünf, sagt er an der Kasse, er legt der Verkäuferin eine Packung Waffeln hin, und bitte ein Croissant und einen Kaffee. Bei der Wirtin gab es das besondere Gebäck erst, nachdem Hirsch gekommen war, sie baute dann jeden Morgen das Buffet auf. Hirsch aß drei Spiegeleier, manchmal auch zwei. Ein Gebäck und ein Kaffee, hört Karl die Wirtin sagen, als er seinen Einkauf zum Auto trägt, sind Sie sicher, dass Ihnen das genügt? Ich habe auch eine Packung Waffeln gekauft, ich werde bald bei meiner Margit sein, wir werden zu Mittag essen, es ist nicht mehr weit. Aber so genau wissen Sie das nicht. Ich kenne die Strecke. Nicht die Strecke, das Mittagessen, Herr Hellmann, Achtung, der Autositz.

Im Herzen Sibirien

Ich bin seit sechs Uhr wach, hört Karl Hirsch durch die Gaststube rufen, wenn es nach mir ginge, bräuchte die Welt keine Wecker. Gut, dass nicht alle Menschen so sind, das Frühstück gibt es auch morgen nicht vor acht, antwortet die Wirtin und Karl freut sich, dass Hirsch jetzt nicht mehr besser behandelt wird als er. Vielleicht liegt es am Wochenrhythmus, wer länger als sieben Tage bleibt, gehört zum Haus. Karl hört Hirsch erzählen, dass es seiner Frau besser geht, dass sie beschlossen hätten, länger zu bleiben, um die verpassten Urlaubstage nachzuholen, die Wirtin hätte ohnehin genügend Zimmer frei. Hirsch lacht, die Wirtin nicht und Karl hustet, um auf sich aufmerksam zu machen und darauf hinzuweisen, dass auch er heute schon hier ist.

Haben Sie schlecht geschlafen?, fragt die Wirtin, als sie zu seinem Tisch kommt, es liegt etwas in der Luft. Karl schüttelt den Kopf und Annemarie kriecht unter der Bank hervor, um die Wirtin zu begrüßen. Er könnte von seiner Nacht erzählen, von der Angst, die er hatte, das Licht auszuschalten, von der Angst vor der Dunkelheit und den Gedanken darin. Von Annemarie, die irgendwann unter seine Decke kam und dort bis zum Morgen blieb. Möchten Sie ein weiches Ei, Sie sehen müde aus. Nein, danke, an Wochentagen esse ich keine Frühstückseier mehr. Das weiß ich, und das ist vernünftig, aber Sie sehen schlecht aus, schlechter als je zuvor. Danke, antwortet Karl, es ist noch früh, nach einer Tasse Kaffee wird alles anders sein.

Hirsch trägt den roten Pullover wie an den Tagen zuvor, aber heute hat er ein Tuch um seinen Hals gewickelt. Es geht etwas um, sagt die Wirtin, als sie den Kaffee bringt, geben Sie gut auf sich Acht, mein Hals kratzt auch ein wenig. Jedes Jahr in der letzten Novemberwoche, zuerst beginnt es mit einem Kratzen und ein paar Tage später ist die Stimme weg. Versuchen Sie, ohne Stimme ein Gasthaus zu führen, es wird Ihnen nicht gelingen. Aber so viel Betrieb haben Sie nicht, möchte Karl antworten, doch die Wirtin hat die Augenbraue schon hochgezogen und setzt sich neben ihn auf die Bank. Schmeckt es?, fragt sie, ich habe dieses Mal die bessere Marmelade gekauft. Sehr gut, antwortet Karl, er kaut und schluckt, es ist ihm unangenehm, so nahe neben der Wirtin zu frühstücken. Hirsch liest Zeitung, er verhält sich, als bemerke er nichts von dem Gespräch, und die Wirtin vergewissert sich mit einem kurzem Blick, ob es tatsächlich so ist. Es ist alles nur eine Frage der Taktik, hört Karl Margit sagen, er denkt: Wenn er wirklich läse, hätte er längst umgeblättert. Margit, du wärst der bessere Karl.

Wie ist es mit der Nachbarin gewesen?, fragt die Wirtin, sie flüstert fast. Das Interview war doch schon vorgestern, antwortet Karl und beißt in sein Brot. Sie werden sich aber noch erinnern können. Kann ich, aber warum fragen Sie heute danach? Gestern ist keine Zeit gewesen. Karl schaut auf die Zeitung, die vor ihm liegt. Gut ist es gewesen, murmelt er. Gut, wiederholt die Wirtin und schüttelt den Kopf, was hat sie erzählt? Karl blickt nicht auf, er zuckt mit den Schultern. Früher sind die Gäste freundlicher gewesen. Wie bitte? Nichts, sagt die Wirtin. Ich bin hier in dieser Gaststube aufgewachsen, ich kenne die Menschen. Ich weiß, wie sie vor dem ersten Kaffee aussehen und wie sie sich verhalten, wenn sie etwas verbergen möchten. Wir hatten viele Gäste. Früher, als die Busse noch kamen, gab es welche, die Jahr für Jahr hier waren, zehn, fünfzehn Jahre, wir ehrten sie beim Abendessen, wir überreichten eine Flasche Schnaps und einen Kranz Wurst, wir sagten: Es freut uns, dass Sie uns so lange die Treue halten. Meine Schwester und ich hatten die Haare zu Zöpfen geflochten, die Eltern überreichten die Geschenke und eine Urkunde, die anderen Gäste klatschten laut. Es durfte nicht zu lange dauern, weil alle hungrig waren. Ein Händedruck, ein Foto, dann wurde das Essen serviert.

Warum kommen sie nicht mehr?, fragt Karl und streicht Butter auf das Brot. Sie sind tot oder schlecht auf den Beinen, die können nicht mehr so weit fahren, was sollten sie hier. Die Wirtin schaut hinüber zu Hirsch, der weiterhin aussieht, als würde er Zeitung lesen. Möchten Sie noch Kaffee, Herr Hirsch?, ruft sie durch den Raum. Hirsch starrt auf die Zeitungsseite und antwortet nicht. Das macht er gut, denkt Karl, das macht er wirklich gut.

Einmal setzte einem bei der Gästeehrung das Herz aus, sagt die Wirtin, aber das ist lange her und er hat sich davon wieder erholt, zumindest bis zum nächsten Jahr, da kam er wieder. Es hätte mir sonst das Herz gebrochen, sagte er und meine Eltern lachten mit ihm. Vergiss nicht, flüstert die Wirtin, sie spricht zu sich selbst: Lache, wenn die Gäste lachen, ob die Backen davon schmerzen, spielt keine Rolle.

Nachdem sie ein Kreuzzeichen gemacht hat, schlägt sie so fest auf den Tisch, dass selbst Hirsch erschrickt, sie sagt: Ich muss weitermachen, aber eines noch: Sie sollten Ihre Gesprächspartnerinnen sorgfältig auswählen, die Leute reden schnell, aber das Gerede soll Sie nicht durcheinanderbringen. Welches Gerede? Sie wissen von nichts?, fragt die Wirtin, Sie haben wirklich von nichts gehört? Dann ist es besser, wenn es so bleibt. Was?, fragt Karl, er sagt es laut und tief, und Annemarie bellt.

Ich habe keine Gerüchte gehört, flüstert Hirsch, als die Wirtin in der Küche verschwunden ist. Ich wäre mir nicht sicher, ob das stimmt, vielleicht steckt etwas anderes dahinter, eine Eifersucht, eine alte Geschichte, man weiß nie. Ich bin kein misstrauischer Mensch, sagt Karl, er fragt: Ich dachte, Sie haben Zeitung gelesen? Ich habe die Zeitung angeschaut, was darin steht, höre ich ohnehin im Radio, es ist in den letzten Tagen viel zu laut aufgedreht. Unter gewöhnlichen Umständen würde mir das nicht auffallen, aber jetzt, wo meine Frau weg ist, höre ich das doch sehr.

Hirsch hält ein Stück Semmel unter den Tisch und Annemarie läuft zu ihm hinüber. Das macht man nicht, sagt Karl, man soll Hunde nicht beim Tisch füttern, vor allem nicht ohne vorher zu fragen. Das Betteln ist angeboren, der Hund hofft, dass der Ranghöhere etwas für ihn übrig lässt, das ist klassisches Rudelverhalten. Geht dieser Hund denn nie hinaus? Nein, das mag sie nicht. Wir hatten auch einen, sagt Hirsch, das ist lange her, aber er war gern im Freien. Wie werden Sie Ihren Tag verbringen, Herr Hellmann, was halten Sie davon, wenn ich Ihnen Gesellschaft leiste? Wir könnten Ihren Freund besuchen, nach neuen Interviewpartnerinnen suchen, wir könnten an Ihrer Fragetechnik arbeiten und uns über die Glücksforschung unterhalten.

Über die Glücksforschung unterhalten, wiederholt Karl, er lacht und hofft, dass Hirsch bemerkt, dass er seine Vorgehensweise durchschaut hat. Unter gewöhnlichen Umständen wäre es mir eine große Freude, mit Ihnen über mein Fachgebiet zu sprechen, aber ich spüre ein Kratzen im Hals. Es hat gestern Abend begonnen und seither stark zugenommen, ich werde den heutigen Tag im Bett verbringen. Ich werde Ihre Sache vorantreiben, sagt Hirsch, er erhebt sich langsam, klopft Karl auf die Schulter und geht aus der Gaststube hinaus. Frage eins, hört Karl ihn sagen, wie alt sind Sie, woher kommen Sie?

Sie bleiben zu Hause?, fragt die Wirtin, als sie wieder in die Gaststube kommt, ich dachte, es geht Ihnen gut. Sie haben doch in der Küche Geschirr eingeräumt, wie konnten Sie hören, was wir reden? Ich habe gute Ohren, antwortet die Wirtin, die braucht man im Gastgewerbe. Mein Hals, sagt

Karl, ich spüre ihn doch. Das tut mir leid, aber – die Wirtin steht zwei Meter von Karls Tisch entfernt, in der rechten Hand trägt sie ein Tablett, die linke stemmt sie in die Hüfte – aber so kommen Sie nicht weiter, Herr Hellmann, so wird das nichts, so werden Sie auch in fünf Jahren zu keinem zufriedenstellenden Ergebnis kommen. Sie geht zum Tisch, an dem Hirsch zuvor gesessen war, sie stopft die Serviette in die Tasse, sie räumt das Geschirr auf das Tablett und wischt die Brösel vom Tisch. Dann trägt sie das Tablett in die Küche.

Haben Sie von dem Vortrag gehört?, fragt Karl, als die Wirtin mit einer Schachtel zurückkommt, er bemüht sich um einen freundlichen Ton. Aus seiner Hosentasche zieht er den Zettel, den M1 ihm gegeben hat. *Im Herzen Sibirien*, beginnt er zu lesen. Selbstverständlich, unterbricht ihn die Wirtin, ich habe meine Karte längst gekauft, die Lichtbildervorträge sind sehr beliebt. Lichtbildervorträge?, fragt Karl. Ja, Lichtbildervorträge. Der Herr, darf ich auch hier keinen Namen nennen? Karl schüttelt den Kopf: Besser nicht. Gut, sagt die Wirtin und stellt die Schachtel ab. Der Herr ist aus dem Nachbarort, aber er lebt nicht hier, er ist in der Welt zu Hause, wie er sagt. Jeden Herbst kommt er zurück und erzählt, wo er war, abseits der üblichen Pfade, dort, wohin sich die wenigsten wagen, einige Male ist er dem Tod entronnen, aber bis jetzt war er jeden Herbst wieder hier. Dem Tod entronnen?, fragt Karl und lacht, die Wirtin schaut ergriffen. Wochenlang ist er mit den Bildern und Geschichten unterwegs, dann bricht er zur nächsten Reise auf. Mit ihm sollten Sie sprechen, er könnte Ihnen viel erzählen. Hat Ihnen Ihr Freund auch eine Karte gegeben? Nein? Dann besorge ich eine, das müssen Sie gesehen haben, Sie haben am Wochenende ohnehin nichts vor.

Karl bedankt sich und überlegt, was er am Wochenende vorhaben könnte, aber vielleicht wird die Wirtin ohnehin darauf vergessen. Er trinkt den letzten Schluck Kaffee, er gießt Milch in die Tasse und gibt zwei Löffel Zucker hinzu. Die Wirtin stellt die Schachtel auf die Bar, sie sagt: Weihnachten rückt näher, ich werde die Kürbisse gegen Sterne tauschen. Es sind doch noch ein paar Wochen bis dahin, sagt Karl, es ist noch nicht Advent. Der Advent beginnt früher, als man denkt, antwortet die Wirtin und sammelt die Kürbisse ein. Schade darum, Zierkürbisse schmecken bitter und können tödlich sein, aber unter uns, ich mag den Kürbis ohnehin nicht. Die Gäste erwarten das im Herbst, Kürbissuppe, Kürbisgulasch, ich koche vor, ich friere ein. Und jedes Jahr, wenn ich die alten Kürbisgerichte gegen die neuen tausche, denke ich: Wie die Zeit vergeht, zeigt das Eingefrorene. Karl nickt verständnisvoll und drückt ihr den Kürbis von seinem Tisch in die Hand, die Wirtin legt stattdessen drei Sterne hin. Macht Weihnachten Sie wehmütig?, möchte er fragen, er verrührt mit der Rückseite des Löffels die Zuckerreste in der Tasse.

Es ist noch lange nicht Weihnachten, wiederholt er stattdessen und streicht die Einladung glatt, auf der Vorderseite sind der Brunnen vor dem Gemeindeamt und das Foto einer Landschaft abgebildet, ganz unten das Logo der Bank. Das muss ein schönes Leben sein, sagt Karl. Ich weiß nicht, antwortet die Wirtin, nie zu Hause und wenn, dann muss er wochenlang erzählen, immer dieselben Geschichten, immer dieselben Witze. Er ist gelernter Bäcker, aber er war nicht gut darin, das sagten sie damals schon: Er wird kein guter Bäcker werden. Wer sagte das?, fragt Karl und schiebt die Tasse weg. Die Leute. Die Leute, wiederholt Karl und setzt die Tasse ab, die Leute sagten das. Die Wirtin geht zum

Fenster und kippt es. Immer noch nichts, sagt sie, als sie in den Himmel schaut. Der wärmste November seit Beginn der Temperaturaufzeichnungen, so sagten sie im Vorjahr, mir kommt es jetzt nicht kälter vor.

Mit tauben Fingern

Mittwoch, spricht Karl in das Diktiergerät und hält es nahe an sein Gesicht. *Heute, Mittwochnachmittag, seit einer Stunde auf dieser Bank an der Haltestelle, ich friere, vom Frieren sind meine Finger kalt und fast schon taub.*

Karl hält das Gerät mit beiden Händen, so dass Außenstehende nicht bemerken, dass er spricht. *Mittwoch, bedeckter Himmel,* flüstert er, als ein Auto vorüberfährt, *immer noch kein Schnee in Sicht.* Das Wetter hat einen wesentlichen Einfluss auf das Wohlbefinden, es heißt, wir erkundigen uns deshalb bei Telefongesprächen, wie das Wetter am Aufenthaltsort des Gegenübers ist, um einschätzen zu können, ob schlechte Laune durch das Telefongespräch hervorgerufen wurde oder dadurch, dass das Gegenüber zu lange keine Sonne gespürt hat.

Ich sitze seit einer Stunde hier und es sind fünf Personen an mir vorübergegangen. Zwei männlich und drei weiblich, eine Person mit Hund und eine mit Kinderwagen, ich habe nicht hineingesehen.

Karl legt das Gerät zur Seite, er überlegt, ob er die Personenangabe korrigieren sollte, er denkt an den Kinderwagen und die Frau, die er vor ein paar Jahren auf der Straße sah. Sie hatte graues Haar und ihr Kinderwagen war mit Stofftieren gefüllt, kein Kind darin, sie schimpfte einen Dinosaurier, dessen Kopf wieder und wieder herauskippte, sie kam nur langsam voran. Das Irritierende an der Situation war, dass Margit nicht irritiert reagierte. Ein Dinosaurier, murmelte Karl. Ist gut, Karl, sagte sie, ein Dinosaurier, ja.

Fünf Personen, wiederholt Karl, *ich weiß nicht, ob jemand in dem Wagen war.* Er hält das Gerät dicht vor sein Gesicht. Karl, würde Margit sagen, pass auf, dass du die Leute nicht verschreckst. Margit, sorge dich nicht. Fünf Personen sind mir begegnet und niemand hat mich angesehen. Müssten sie das nicht, müssten sie sich nicht auffälliger verhalten, vielleicht waren sie nicht von hier? Margit, werde ich sagen: Wie einsam man unter Menschen ist, die zusammengehören. Ich werde so lange hier sitzen bleiben, bis es kalt genug ist, hineinzugehen.

Ein Seestern am Revers

Karl, das geht über deine Studie hinaus, hört er Margit sagen, als er vor der Tankstellentür angekommen ist, halte die Neugier zurück, aber da ist er schon eingetreten. Draußen wäre es zu kalt gewesen, flüstert er und er zuckt zusammen, als er seinen Namen hört. Herr Hellmann, ruft M2, was machen Sie hier? Er mustert ihn von oben bis unten, er sitzt auf einer Eckbank, die in derselben Farbe bezogen ist wie jene im Hotel Post. Meine Finger sind taub, antwortet Karl, die Kälte, ich bin zu lange im Freien gewesen. Kommen Sie, sagt M2 und klopft auf den Platz neben sich, die anderen Männer am Tisch nicken freundlich.

Dort sitzen sie alle, die früher bei ihr gewesen sind, hört Karl F4 sagen, dort haben sie schon getrunken, als die Tankstelle noch eine Tankstelle war, aber jetzt ist es gemütlicher, weil niemand mehr hereinkommt, der seine Tankrechnung bezahlen möchte, und Herr Luger nicht mehr viel zu laut Klassikkonzerte hört, um die Biertrinker zu vertreiben oder aus Interesse, das haben wir nie herausgefunden. Die Zapfsäulen haben sie abgedeckt, es passiert immer wieder, dass sich ein Urlauber dorthin verirrt, es war die einzige Tankstelle vor dem Pass. All die, sagte die Wirtin heute morgen, deren Namen ich nicht ausspreche, weil sie für Sie namenlos bleiben sollen. Weil es ihnen egal ist, ob das Bier aus den Flaschen kommt oder vom Fass, Hauptsache, sie trinken. Weil sie dort rauchen können, so viel sie wollen. Von Horst sprach sie nicht, und Karl fragte nicht nach, weil er wusste, dass er in diesem Augenblick nicht nachfragen sollte.

Karl blickt sich schnell um, er zählt neun andere Männer, die an den drei Tischen sitzen. Mittwochnachmittag, denkt er und schaut M2 in die Augen: Ich bin lange Zeit im Freien gewesen, ich habe Studien zur Ortsstruktur durchgeführt. Ach so, antwortet M2, er sagt: Hier ist Selbstbedienung, dort drüben, bei der Kasse. Wo niemand sitzt?, fragt Karl und M2 nickt.

Einmal?, fragt der Mann, der sich von hinten näherte, ohne dass Karl es bemerkte, Karl zuckt kurz zusammen und nickt. Bitte, einmal. Der Mann öffnet die Bierflasche mit den Zähnen und spuckt den Kronkorken auf den Boden. Weil Sie neu hier sind, das nächste öffnen Sie bitte selbst. Danke, antwortet Karl und setzt sich wieder neben M2. Nehmen Sie es sich nicht zu Herzen, flüstert der, er hat einen schlechten Tag und wir alle haben erst vor zehn Minuten bestellt, er fordert einen regelmäßigen Bestellrhythmus ein, aber wenn jemand neu hinzustößt, kann er selbstverständlich nicht warten, bis die anderen Gäste ihre Flaschen ausgetrunken haben, das war schon richtig so. Ist das Horst, möchte Karl fragen, aber der Inhaber lässt ihn nicht aus den Augen. Interessant, sagt Karl leise, er fragt: Kommen Sie öfters hierher?, und M2 nickt. Er ist der Einzige im Hemd, alle anderen tragen Strickpullover. Das Hemd ist weiß und die oberen Knöpfe sind geöffnet, auf seiner Brust liegt ein goldenes Kreuz. Das Radio läuft laut, der Fernseher in der Ecke ohne Ton. Den haben wir erst seit Kurzem hier, sagt M2 und zieht das Etikett von der Flasche, er spuckt darauf und klebt es wieder fest. Entschuldigen Sie, sagt er, als er Karls Blick bemerkt, aber wenn sich ein Etikett im Ganzen lösen lässt, mache ich das so, seit eine, Sie kennen sie nicht, seit eine zu mir sagte: Das bringt dir ewig Glück. Das ist wie mit den Rauchfangkehrern, glaubst du einmal daran, freust du dich jedes Mal über sie, besonders wenn sie zuvorkommend und schön wie unsere Rauchfangkehrerin sind.

Karl schweigt, und die anderen am Tisch beginnen nach und nach zu sprechen, er versteht sie schlecht, sie reden schnell und öffnen ihre Münder kaum. *Hier herrscht Horst*, ist auf einen Zettel geschrieben, den jemand an den Kühlschrank geklebt hat. Am Tisch zwischen ihm und den anderen Männern liegt eine aufgeschlagene Zeitung, Karl zieht sie zu sich heran und es wird still. Auf einem Foto sind neun Männer abgebildet, ein jeder trägt einen Seestern in unterschiedlicher Größe am Revers. Der kleinste Seestern ist kleiner als eine Handfläche, der größte reicht einem Mann vom Schlüsselbein bis zum Bauchnabel. *Weshalb die Herren Seesterne tragen, weiß man bisher noch nicht*, ist unter dem Bild zu lesen.

Warum Seesterne?, fragt Karl. Es könnte sein, beginnt M2. Habe ich hier von Seesternen gehört?, unterbricht ihn der Inhaber und kommt an den Tisch. Richtig, antwortet Karl und setzt sich aufrechter hin. Ich habe die Frage gestellt, weshalb die Herren Seesterne tragen, ich habe soeben davon gelesen, hier. Das kenne ich doch, sagt der Mann, das ist meine Zeitung, weshalb fragen Sie? Ich habe nur die Frage wiederholt. So, antwortet der Mann und legt die Zeitung in die Mitte des Tisches. Das ist schnell erklärt: Wie zu lesen ist, dürfte das Foto um das Jahr 1900 aufgenommen worden sein. Damals galt der Seestern hier und in umliegenden Gemeinden als Statussymbol. Zu besonderen Anlässen hefteten sich die Herren Seesterne an das Revers. Je größer der Seestern, desto größer der Besitz. Blödsinn, murmelt der Mann mit Schnurrbart, der Karl gegenübersitzt. Der Viehbesitz, spricht der Inhaber laut weiter, damals war das wichtiger als Geld. Ich dachte, wir hatten uns auf Kinderreichtum geeinigt, sagt M2. Der Inhaber schüttelt den Kopf. Der Viehbesitz, wiederholt er, Kinder bringen keinen Wohlstand. Ihr habt doch alle keine Ahnung, murmelt der Mann mit dem Schnurrbart. Sei leise, sagt M2. Dann erklärt bitte, wie die Herren zu den Seesternen kamen.

Ein Dachbodenfund, sagt der Inhaber, er starrt den Mann an und es wird still. Der Mann blickt kurz auf den Tisch und steht auf: Auf unseren Dachböden konnten keine Seesterne geboren werden. Wenn Sie erlauben, der Mann wendet sich Karl zu: Es ist schnell erklärt. Der Mann spricht langsam weiter: Um das Jahr 1900 wanderte der Großonkel eines Gemeindebewohners, der mittlerweile nicht mehr hier lebt, nach Amerika aus. Es dauerte eine Weile, bis er dort ankam, aber eines Tages erreichte seine neun Freunde ein Paket mit Seesternen darin. Um sich zu bedanken, steckten sich die Herren die Seesterne an und schickten ein Foto davon nach Amerika. Ob es ankam, wissen wir nicht, auch nicht, ob tatsächlich jemals einer der Herren einen Abzug zur Post gebracht hat.

Wir werden sehen, sagt der Inhaber und nimmt dem Mann seine Bierflasche weg, er wendet sich Karl zu: Da kommen Sie mit Ihren Fragen und bringen alles durcheinander, was schauen Sie so? Sitzen Sie nicht so da.

Ja, sagt Karl und trinkt einen Schluck Bier, er räuspert sich: Was ist das für ein Foto an der Wand? Was das für ein Foto ist, möchte er wissen, sagt der Inhaber an seinen Sitznachbarn gewandt, er dreht sich wieder hin zu Karl: Sie sind ein neugieriger Mann. Er schweigt eine Weile, dann sagt er: Dieses Foto zeigt Menschen, die lange Zeit meine Familie waren, und es erinnert mich daran: Wenn das Bild an einem Ort schief hängt, ist es gut, wenn es anderswo gerade bleibt.

Neunzehn Jahre, sehen Sie, das ist alles, was geblieben ist. Der Inhaber zeigt durch den Raum: Ein Bild und ein Brezenständer, aber die hier habe ich mitgenommen: Heinz und Stefan, Michael, Thomas, Wolfgang, Herbert, Norbert, Gustav und Franz. Karl schaut nicht auf, als der Inhaber die Namen nennt, er zieht die Schultern hoch und wartet, bis er wieder von etwas anderem spricht, aber der Inhaber schweigt, bis Karl höflich nickt. Ein schönes Bild, der Rahmen gefällt mir gut. Die Möbel habe ich angepasst, erklärt der Inhaber, der Raum ist kleiner, aber die Farben sind ähnlich, auch die Aschenbecher sind die gleichen. Man darf die Gäste nicht überfordern, alles neu, alles anders, das wäre zu viel gewesen.

Der Mann neben M2 lacht kurz auf und streicht über die Zeitungsseite, er lacht wieder. Was?, fragt M2, aber der

Mann sieht nur Karl an: Ich lese die Anzeigen, hier, die gefällt mir gut. *Privat: Ich bin leidenschaftlicher Rubensliebhaber, 42 Jahre, und suche gerne auch sehr mollige Frau für Beziehung oder lockere Freundschaft.* Interessant, sagt Karl und sieht dem Inhaber zu, wie er das Bild von der Wand nimmt. Und hier, sagt der Mann: *Was machen Sie mit den Vögeln, die Sie loswerden wollen? Bitte nicht freilassen, ich hole sie ab.* Jetzt wird es eine Weile so weitergehen, flüstert M2, wenn er einmal damit begonnen hat, hört er so schnell nicht mehr auf. Der Mann hält die Zeitung nahe an sein Gesicht. *Exquisite Einzelgrabanlage in Hallandia Granit zu besichtigen und zu verkaufen. Schrift ist ohne Probleme abschleifbar. Welche hübsche Frau war am 24. Oktober im Café Courage und hat mir öfters mit der Hand gewunken? Bitte melden. Sie gefällt mir.*

Der Mann greift nach einer anderen Zeitung, die auf der Bank liegt. Das haben wir doch schon gehört, sagt einer, das ist die alte Ausgabe. Aber der Herr nicht. Der Mann blättert und Karl weiß, dass er etwas sagen sollte, dass von ihm erwartet wird, dass er das Gespräch in eine andere Richtung lenkt. *Nachbarschaftshilfe. Ich bin Pensionist und biete Hilfe bei Gartenarbeiten, Botengängen und Krankenhausbesuchen an. Das ist mein Hobby und freiwillig. Gasthaus in einem guten Einzugsgebiet. 12 Fremdenzimmer, großer Veranstaltungssaal, toller Gastgarten, eine schöne Wohnung, alles dabei. Die Gemeinde wartet auf einen guten Wirt.*

Hier gibt es auch Essen?, Karl schaut auf die Preisliste. Ja, Schnitzel und Toast, flüstert M2, aber ich würde nicht, die meisten kommen wegen dem Bier. Könnte das, beginnt Karl und schaut auf die Zeitung, aber da stellt der Inhaber eine Flasche vor ihn auf den Tisch. Nein, danke, ich muss nach Hause, es ist bald Abendessen. Nach Hause, fragt der

Inhaber, wo ist das? Er schiebt die Flasche zu M2 hinüber, der Flaschenöffner liegt in der Mitte des Tisches, aber M2 verwendet das Feuerzeug, das er aus seiner Hosentasche zieht. Die Bundesstraße entlang, antwortet Karl und trinkt den letzten Schluck Bier, fünf Minuten geradeaus, dann über den Fluss und nach der Brücke links.

Bei der Post, fügt M2 hinzu und Karl schaut schnell auf seinen Pullover, als wäre dort ein Fleck, den er erst jetzt bemerkt hat. Bei der Post, wiederholt der Inhaber laut und stützt sich auf der Tischplatte ab, einen Spion hat sie geschickt. Als ob mit einem Gasthaus alles untergehen würde, sagt er und starrt Karl an: Ich könnte noch weit mehr erzählen, ich habe kein Problem damit, fragen Sie doch und schauen Sie nicht nur. Der Inhaber trägt einen Schnurrbart, der an den Enden nach oben zeigt, seine Haare sind nackenlang. Jetzt frag schon. Karl legt zwei Münzen auf den Tisch, er sagt: Ich komme in ein paar Tagen wieder, dann unterhalten wir uns. Da hat einer Angst, dass er zu spät zum Abendessen kommt, ruft ihm der Inhaber nach, Karl hört das Lachen der Männer und das Klirren von Flaschen, dann ist er weg.

Sie haben Ihren Schal vergessen, ruft ihm M2 nach, der kurz nach Karl aus der ehemaligen Tankstelle gelaufen kommt. Danke, daran hätte ich nicht gedacht, aber spätestens bei der Brücke hätte ich gefroren, dort wäre es mir aufgefallen. Sind Sie zu Fuß hier?, fragt M2, er mustert die parkenden Autos. Ja, meines steht bei der Post, ich verwende es nur auf Langstrecken, alles unter einer Stunde gehe ich zu Fuß, so sehe und höre ich mehr und meine Margit sagt, zehntausend Schritte pro Tag sollten es sein. Wie Sie meinen, antwortet M2 und schüttelt Karl die Hand, bevor er zurück in die Tankstelle geht. Aber halten Sie genügend Abstand zur Straße, ruft er, als er die Glastür öffnet, Sie wären nicht der Erste, den es erwischt.

Du bist nicht ich

Dort drüben sitzt jemand, dachte ich, aber es war nur ich in der Spiegelung der Fensterscheibe. Eins, zwei, eins, zwei, drei. Karl dreht den Wärmeregler auf kalt, er beginnt beim rechten äußeren Zeh, aber er kommt nur bis zum Knie. Margit, ich kann das nicht, ich schaffe das nicht. Er legt sich in die Wanne und lässt heißes Wasser ein. Wasser, Hauptsache Wasser, hört er Margit sagen und er antwortet: Ich weiß, kalt wäre besser, ich weiß, von Wechselduschen wäre mir nachher wärmer gewesen, aber es ist mir zu kalt. Du musst dich überwinden, Karl. Ich weiß, Margit, ich weiß, aber ich drehe das Wasser dafür so heiß auf, dass es schmerzt, ansteigende Bäder helfen bei sich ankündigenden Krankheiten. Du bist nicht ich, darauf muss man in der Liebe achten.

Und jetzt

Ich dachte, weil sie nicht zum Frühstück gekommen sind. Karl zieht die Decke bis zum Kinn, er möchte nicht, dass die Wirtin sein Nachthemd sieht. Sie können doch nicht einfach in mein Zimmer kommen und es ist erst zehn Uhr vormittags, ich bin gestern spät zu Bett gegangen und selbst wenn es nicht so wäre, können Sie nicht unvermittelt vor meinem Bett stehen, ich habe das Recht, bis zehn Uhr zu schlafen. Die Wirtin hält den Schlüsselbund in der einen

Hand, mit der andern streichelt sie Annemaries Kopf. Es tut mir leid, ich dachte, es ist Ihnen etwas zugestoßen, ich habe heute Nacht besonders klar geträumt, und wenn ich besonders klar träume, verheißt das nichts Gutes, mein Gespür ist in solchen Dingen stark ausgeprägt, ich wusste zum Beispiel, dass meine Schwester ein Kind bekommt, noch bevor sie eine Ahnung davon hatte. Wie ist das möglich, werden Sie fragen und ich sage Ihnen: Gewissermaßen habe ich einen sechsten Sinn. Aber trotzdem, sagt Karl, Sie können nicht einfach so in mein Zimmer kommen. Freuen Sie sich doch, dass sich jemand um sie sorgt, ich kann doch nicht ruhig in der Gaststube sitzen bleiben, während ein Stockwerk über mir unter Umständen vielleicht ein Gast stirbt, außerdem haben Sie meinen Hund im Zimmer. Annemarie gähnt bei dem Wort Hund, sie legt sich auf den Boden und kringelt sich zusammen. Sie hätten wenigstens klopfen können. Ich wollte Sie nicht erschrecken, hätte ich geklopft, hätte der Hund gebellt. Aber Sie erschrecken mich doch viel mehr, wenn Sie plötzlich vor meinem Bett stehen. Wären Sie nicht aufgewacht, hätten Sie gar nichts bemerkt. Und woher hätten Sie dann gewusst, dass ich noch am Leben bin? Sie hätten geschnarcht, sagt die Wirtin und weicht Karls Blick aus.

Eine Weile schweigen sie beide, aus Hirschs Zimmer sind Stimmen zu hören, dann wieder der Fernseher, dann Duschgeräusche und ein Schnauben. Die Wände sind dünn, viel zu dünn, sagt Karl und möchte die Decke zurückschlagen, um nicht im Bett zu liegen, während die Wirtin davor steht, aber das Nachthemd und der gähnende Löwe darauf hindern ihn. Haben Sie etwa gestern gebadet, fragt die Wirtin, nachdem sie ins Badezimmer geschaut hat. So viel Wasser, und noch nicht ausgelassen, kein Wunder, dass die Luft hier schlecht ist. Es war zum Erfrieren kalt, sagt Karl, und ich gebe zu: Ich habe gebadet und das Wasser danach in der Wanne gelassen, damit es im Zimmer wärmer wird. Nachts heizen wir nicht, nachts ist das absolut nicht notwendig, alles über fünfzehn Grad ist zum Schlafen viel zu warm, kein Wunder, dass der halbe Ort im Winter erkältet ist, wenn die Leute vollkommen überheizt schlafen.

Aber Sie hatten doch auch Halsschmerzen, und wer ist wir, möchte Karl fragen, wer ist wir, aber er hat den Kopf zur Seite gedreht und schweigt. Karl hört, wie die Wirtin ins Bad geht, er hört, wie das Wasser aus der Wanne gelassen wird. Alles Trinkwasser, murmelt sie, als sie zurück ins Zimmer kommt, schade drum.

Und jetzt?, fragt die Wirtin. Wie, und jetzt?, fragt Karl. Ich möchte, dass Sie mein Zimmer verlassen, ich möchte heute länger schlafen, wenn es mir gelingt, ich möchte zumindest in Ruhe nachdenken können. Erstens, das Zimmer gehört immer noch mir, antwortet die Wirtin, und meinen Sie, es ist gut, sich so gehen zu lassen? Nur weil sie eine kleine Verunsicherung spüren, geben Sie auf, so werden Sie den Wächter und die Schakale nie passieren. Karl schließt die Augen und zieht die Decke noch ein wenig höher. Wenn ich schlafe, wird sie gehen, wenn ich es möchte, ist das alles nur ein Traum gewesen. Gut, sagt die Wirtin nach einer Weile, ich wollte Sie noch wissen lassen, dass ich Ihnen eine Karte für den Lichtbildervortrag besorgt habe, am Samstag um neunzehn Uhr im Festsaal des Gasthauses Rust, die Karte bekommen Sie im Frühstücksraum.

Soll ich Annemarie mitnehmen?, fragt die Wirtin, sie öffnet das Fenster, sie sagt: Frischluft ist gut für Sie, Frühstück servieren wir heute bis elf, wenn Sie sich beeilen, schaffen

Sie das noch. Annemarie, komm, wir gehen, wir lassen den Herren noch ein wenig ruhen.

Sprich nicht von einem Zurück

Nach Hause, flüstert Karl, nicht zurück. Sprich nicht von einem Zurück, das gibt es nicht, es kann nie werden, wie es gewesen ist. Karl hält das Diktiergerät auf dem Schoß, er spult nach vorn und zurück, er drückt die Wiedergabetaste. *Wir sind der Wetterkatastrophen müde.* Stop, forward, play: *Auf einer Skala von null bis zehn, wie glücklich sind Sie?* Stop, forward, play: *Und weil ich.* Play: *Meine Urgroßeltern hießen Anna, nein, ich weiß es nicht.* Play: *Wenn so viele Fremde kommen, wo sollen die unterkommen, wie sollen wir.* Stop, forward, play: *Wer keine Bäume pflanzt, wird irgendwann keine mehr fällen können.* Play: *Ich mag den Wind, ich mag es, wie er durch die Kronen pfeift.* Play: *Mein Leben ist derzeit nicht so, wie ich es möchte.* Stop, forward, play: *Ich hatte die schönen Augenblicke.* Play: *Wir trennen Glas, Alu und Papier.* Play: *In Momenten der Wut ist es vorgekommen, dass ich auf ein Huhn gespuckt habe, aber nur, wenn es niemand gesehen hat. Um wieder durchatmen zu können, für alles Weitere bringt das keinen Vorteil.* Play: *Ich fürchte nur die Gespenster, die ich täglich sehe.* Play: *Wie ich das beschreiben würde? Wir alle sollten an jemandem festhalten, damit er oder sie nicht weiter auseinanderfällt.*

Hier kommt Karl

Wir haben unsere schönen Kleider angelegt. Alle werden sie kommen, alle werden sie da sein, alle, bis auf Hirsch, aber der ist nicht von hier. Wir müssen früh los, es ist freie Sitzplatzwahl. Die Wirtin strahlt, als sie das Haus verlassen, zuvor hat sie das Schild an der Eingangstür angebracht: *Heute geschlossen*. Das sind mir die liebsten Tage, sagt sie, wenn das Schild hier hängt, und Karl antwortet: Das stimmt doch nicht, was würden Sie ohne Ihr Gasthaus machen? Und sie erzählt, was sie machen würde: von den geregelten Arbeitszeiten, die sie als Angestellte haben würde, von den Urlauben und den Reisen spricht sie, davon, weit weg zu sein und allen zu Hause zu erzählen, wie schön es dort gewesen sei. Vom Meer spricht sie und von den Bergen, die weit höher sind als hier, von den Menschen, die stets ein Lächeln tragen, und dem Essen, das weit besser schmeckt. Und warum wechseln Sie nicht einfach in einen anderen Bereich?, fragt Karl, er ist immer noch unangenehm davon berührt, dass die Wirtin in seinem Zimmer gewesen ist, unangenehm berührt und beunruhigt, dass es wieder passieren könnte, weshalb er seither seinen Koffer vor die Zimmertür schiebt, damit er umfällt, sollte die Tür von außen geöffnet werden. Das geht nicht, sagt die Wirtin. Warum?, fragt Karl. Sie wissen doch, wie es ist.

Aber, möchte Karl beginnen, doch die Wirtin ist schneller, sie zeigt zum Fenster hoch: Sehen Sie, Frau Hirsch ist auf den Beinen, es geht ihr besser. Der Vorhang ist nicht zugezogen, Hirsch geht im Zimmer auf und ab, ihr Mann ist nicht zu sehen. Wahrscheinlich sitzt er vor dem Fernseher, er macht den ganzen Abend nichts anderes, das höre ich. Die Wirtin ist geschminkt, sie riecht nach Parfum, sie sagt: Herr Hellmann, es freut mich, dass Sie sich das ansehen. Ich hatte doch keine andere Wahl, möchte Karl antworten, aber das traut er sich dann doch nicht.

Wir nehmen das Auto?, fragt er, als die Wirtin den Schlüssel aus ihrer Tasche zieht und die Lichter kurz aufblinken, nachdem sie den Knopf gedrückt hat. Selbstverständlich nehmen wir das Auto. Das ist doch nicht weit, das ist doch gleich neben dem Supermarkt. Trotzdem, bitte, nehmen Sie Platz.

Nach zwei Minuten erreichen sie das Gasthaus Rust, es parken schon viele dort. Türen werden zugeschlagen, Lichter blinken, es wird oft und laut gegrüßt. Dass es jetzt so früh dunkel wird, sagt die Wirtin und setzt ein Lächeln auf, sie hakt sich bei Karl unter, lässt ihn aber gleich darauf wieder los. Riechen Sie den Winter, der Schnee liegt in der Luft. Karl nickt und zieht den Schal höher. Kennen Sie hier alle?, fragt er. Die meisten, aber Sie möchten ja keine Namen hören. Wissen Sie, darauf freue ich mich das ganze Jahr, sobald ich höre, dass er wieder zurück ist. Auf einen Lichtbildervortrag? Ja, sie werden sehen, wie weit man in diesen zwei Stunden kommt. Und das Gasthaus hat so einen großen Festsaal? Ja, er wird auch für Hochzeiten, Begräbnisse und Bälle genutzt, sie haben erst vor zwei Jahren umgebaut, die sind mit der Zeit gegangen, sie bieten auch Pizza zum Mitnehmen an. Naja, sagt Karl, so besonders ist das nicht. Doch, sie haben in der Küche ein Fenster eingebaut, wo man die Bestellung abholen kann, ohne hineinzugehen, das gab es bislang noch nicht. Vor zwei Jahren?, fragt Karl, so neu sieht das gar nicht aus. Das müssen Sie nicht sagen – Elisabeth, hallo, wie geht es dir?

Die Eingangstür ist aus Glas, der Rahmen grün, links im Vorraum hängt eine Pinnwand mit Veranstaltungshinweisen, zwei Parten und Kleinanzeigen sind darauf befestigt. Franz Helm ist im achtundsiebzigsten Jahr sanft entschlafen, Familie Zauner verschenkt Katzenkinder in drei Farben: braun getigert, bunt gescheckt und schwarz.

Der Saal ist noch nicht geöffnet, das Publikum hat sich im Vorraum eingefunden, mit Jacken über den Armen. Sie mustern Karl, als er mit der Wirtin das Gasthaus betritt. Ist das M2 dort hinten? Das weiß ich nicht, ich kann mit Ihren Namen nichts anfangen. Dort, das ist doch F4, flüstert Karl, und Horst, dort an der Bar. Entschuldigen Sie, sagt die Wirtin, am besten, Sie kaufen sich etwas zu trinken.

Karl sieht, wie die Wirtin zu einer Gruppe geht und die Frauen begrüßt, sie sind ihm unbekannt. Er blickt sich um, er denkt: Hier kommen sie alle zusammen. Die Tür zum Veranstaltungssaal ist aus hellem Holz, die Türklinke golden, einer versucht, sie hinunterzudrücken, und wird schnell von jemand anderem gebeten, die Türe noch geschlossen zu halten. Es gibt solche, die in Gruppen zusammenstehen, und solche, die die Tür nicht aus den Augen lassen. Karl überlegt, ob er zur Bar gehen soll, aber er wartet noch eine Weile neben der Pinnwand.

Es geht los, schreit einer, als die Tür geöffnet wird, Hermine, komm, schnell. Karl nähert sich langsam dem Saal, er zeigt seine Karte, er nimmt in der letzten Reihe Platz und denkt: Es ist mir lieber hier. Nach und nach kommen Leute herein, sie blicken sich um, sie besetzen Plätze mit ihren Taschen und Jacken, sie schauen weg, wenn jemand ihre Reihe mustert, oder sie winken, je nachdem, wer es ist. Die Wirtin geht an Karl vorbei, ohne ihn anzusehen, sie ist in ein Gespräch vertieft, sie nimmt in der ersten Reihe neben einer Frau Platz, die acht Plätze belegt hat: auf einem ein Regenschirm, über drei ein Mantel, über zwei ein Pullover, eine Kamera, auf einem sie selbst. Die Terrasse vor dem Saal haben sie neu gepflastert, hört Karl eine Frau vor sich sagen, hier kann man jetzt gut heiraten, dort hinten haben sie ein Stück überdacht. Das ist bei Regen gut, sagt der Mann neben ihr, ich war zuletzt auf einem Begräbnis hier. Die Wände des Saales sind pastellfarben gestrichen, die Decke und die Zierleiste weiß, die Stühle sind mit Stoff bezogen. Karl schaut von Wand zu Wand und wieder zur Decke, bis er seinen Namen hört: Herr Hellmann, was machen Sie hier?

M1 ist in Begleitung gekommen. Meine Frau, sagt er, meine erste Frau und meine einzige. F3 schaut kurz böse, dann lächelt sie und sagt: Es freut mich, ich habe viel von Ihnen gehört, und ich bin mit allen Antworten einverstanden. Karl nickt. Warum sitzen Sie so weit hinten?, fragt M1, da sehen Sie doch nichts. Ich bin groß, antwortet Karl, ich möchte niemandem die Sicht nehmen. Würden sich alle daran halten, würden die Sitzplätze nach Größen vergeben werden, die kleinen Menschen nach vorn und die großen nach hinten, es würden alle genügend sehen. Aber auch unterschiedlich große Menschen möchten gerne nebeneinander sitzen, werden Sie einwenden und aus eigener Erfahrung sprechen, Sie haben doch bestimmt zwanzig Zentimeter Größenunterschied. Wenn wir alle diese Vorstellungen gehen lassen, wenn wir mehr an das Gemeinwohl als an unseren eigenen Nutzen denken würden, dann hätten alle freie Sicht.

Herr Hellmann, unterbricht ihn M1. Entschuldigen Sie, sagt Karl, ich rede zu viel, ich bin die vergangenen Tage nicht unter Menschen gekommen, ich bin ein wenig krank gewesen. Oje, sagt F3, der November. Ja, der November, wiederholt M1, wir suchen unsere Plätze, wir sehen uns bestimmt später noch.

Ohne zu zögern geht F3 voraus, M1 folgt ihr und begrüßt mehrere Leute, die auch F3 gegrüßt hat. Das verhält sich bei uns ähnlich, ich grüße, wenn Margit grüßt. Bei uns, wiederholt Karl und überlegt, was Margit in diesem Moment macht. Es ist Samstagabend, sie wird, ich weiß es nicht, ich habe den Überblick verloren. Margit isst gerne Kartoffeln, Margit mag die Farbe Gelb und sie trinkt Schwarztee ohne Milch. Margit mag keine Lichtbildervorträge, Margit würde sagen: Ich wusste nicht, dass es so etwas noch gibt. Meinst du einen Diavortrag? Nein, Karl, ich komme nicht mit, man muss nicht alles gemeinsam machen. Margit mag Erdnussflips, Margit mag den Mond und zu Kindern sagt sie: Schaut beim Laufen gut geradeaus.

Karl ist aufgeregt, er spürt ein Ziehen in seinem Bauch, er blickt auf, als ihn eine Frau anspricht. Sind die Plätze neben Ihnen noch frei? Er nickt und zwei Frauen und ein Mann setzen sich. Die Frauen werden Schwierigkeiten haben, die Leinwand zu sehen, denkt Karl, er rutscht auf dem Stuhl vor, um die Blickhöhe der beiden einzunehmen. Währenddessen sagt die eine zur anderen: Wir kommen jedes Mal zu spät. Aber es sind doch noch zwanzig Minuten bis zum Beginn. Ja, aber schau.

Tatsächlich, flüstert Karl, er bleibt noch eine Weile auf der Höhe ihrer Köpfe, er blickt geradeaus zur Bühne, fast nichts zu sehen, der Mann hier vorne ist auch besonders groß. Karl ärgert sich, weil seine Regel so einfach wäre, er hört Margit sagen, das ist doch vollkommen undurchführbar, hör endlich auf damit. Margit, würde Karl sagen, man bräuchte nur eine grobe Schätzung, dass es gelingt. Reihe eins für Menschen bis einssechzig, Reihe zwei bis drei für Menschen bis einsdreiundsechzig, und so weiter und so fort, man müsste sich auf die Ehrlichkeit des Publikums verlassen, die Zufriedenheit steigt bei selbstloser Ehrlichkeit, die Freude über einen Nutzen, der aus einem Betrug gewonnen wird, hält nicht lange an. Margit würde den Kopf schütteln, sie würde sagen: Es wissen doch nicht alle, wie groß sie sind. Das würde sich ändern, wenn die Regel gilt, wenn man es wissen muss, das ist wie mit der Geheimzahl beim Bankautomaten. Karl, hör auf damit, bei jedem Konzert sprichst du davon. Weil es wichtig ist, oder siehst du genug?

Ich war lange nicht mehr hier, sagt die Frau neben Karl, schön ist es geworden, freundlich könnte man sagen. Ein bisschen zu bunt, sagt die andere Frau, und der Mann daneben: Monika mag keine Farben. Das müssen hohe Kosten gewesen sein, sagt die andere, bis das wieder eingenommen ist. Das wird über mehrere Jahre abgeschrieben, und man muss von Zeit zu Zeit etwas erneuern, du siehst doch an der Post, was passiert, wenn man sich gehen lässt, man muss Ideen haben. Trotzdem, es sind bestimmt große Kosten gewesen.

Kommen Sie, hört Karl eine Stimme neben sich, wir haben noch fünfzehn Minuten, ich zeige Ihnen etwas, kommen Sie schnell mit. M1 lächelt Karl an, er hält zwei leere Gläser in der Hand. Ich passe auf Ihren Platz auf, sagt die Frau neben Karl, gehen Sie nur. Möchten Sie nicht die Jacke ablegen?, fragt M1, als sie aus dem Saal gehen, er grüßt eine Frau neben der Tür. Ich friere ein bisschen, das muss von meiner Erkältung sein, das ist ein schönes Gasthaus, kommen Sie manchmal hierher? Es war immer das größte im Ort, antwortet M1, aber früher war es gemütlicher. Im Keller haben sie einen Spielraum für Kinder eingerichtet, ohne Fenster, aber gut isoliert, jeden zweiten und vierten Mittwoch im Monat wird ein asiatisches Buffet angeboten. Und für die Post ist das keine Konkurrenz?, fragt Karl, die Wirtin war so gut gelaunt, als wir das Gasthaus betraten. Nein, in die Post sind immer schon andere Gäste gekommen als hierher, entweder man ging zum Rust oder zur Post, ein Dazwischen gab es nicht.

Also, passen Sie gut auf, sagt M1 und stößt mit dem Fuß die Tür zur Herrentoilette auf. Was machen wir hier?, fragt Karl. Damit werden Sie nicht gerechnet haben, flüstert M1 und lacht, das ist der Höhepunkt des gesamten Hauses, kommen Sie näher, schauen Sie, was sehen Sie? Das dürfte ein Pissoir sein. Was sehen Sie, wiederholt M1 und blickt Karl an. Ein Gitter im Boden, eine Glasscheibe, die an ein Schaufenster erinnert. Und was ist dahinter? Karl verschränkt die Arme und tritt näher heran: Einen Hut, einen Maiskolben und eine Heugabel, die auf einer mit Holzschindeln bedeckten Hausmauer angebracht sind. Weiter links, sagt M1 und hält Karl am Ärmel fest, lässt ihn aber gleich wieder los. Karl räuspert sich: Drei Vögel, zwei rote und einen schwarzen.

Sehr gut, sagt M1, Sie werden es vielleicht nicht bemerkt haben, aber die Vögel sind aus meinem Holz. Das sind sehr schöne Vögel, sagt Karl und tritt näher an die Scheibe heran, während M1 einen Meter weiter drüben seinen Reißverschluss öffnet. Achtung, sagt er, und Karl tritt schnell zurück, woraufhin Wasser die Scheibe hinabläuft.

Eine Amsel, ein Gimpel und ein Rotkehlchen, Sie müssen auf die Details achten, es ist beeindruckend, erklärt M1, als sie zur Treppe gehen und Karl überlegt, was sein Vater zu den Vögeln gesagt hätte. Die Kastanie stand neben unserem Haus, ein groß gewachsener Baum, sie ließ zu wenig Sonne in die Küche, wir ließen sie viel zu lange stehen. Die Kastanie ist ein schöner Baum, hört Karl Margit sagen, ein guter Schattenspender an Sommertagen. Ja, aber dazu scheint die Sonne hier zu selten. Jedenfalls, meine Schwester schnitzte die Vögel, ich durfte sagen, welche. Ihre Schwester?, wiederholt Karl und M1 nickt, während er seine Hosentaschen abtastet. Warten Sie, ich habe etwas vergessen, ich bin gleich wieder bei Ihnen.

Dass das jetzt doch etwas lange dauert, überlegt Karl und geht nach oben, um zu sehen, ob die Veranstaltung schon beginnt. Zwei Frauen stehen an der Bar und bei der Saaltür winkt ein Mann mit Schnauzer, die Frauen trinken ihre Getränke aus und eilen zum Saal. Dass er M1 informieren müsse, denkt Karl und spürt die Beunruhigung, dass M1 etwas zugestoßen sein könnte. Hatte er vorhin nicht blass ausgesehen, aber da hört er die Stimme des Tankstelleninhabers und stoppt. Aber Horst, ich versichere dir, ich habe einen Holzfreund gefunden, sagt M1. Soso, einen Holzfreund willst du gefunden haben, wiederholt der Inhaber, einen Holzfreund, der ein seltsamer Forscher ist. Blauäugig, gutgläubig, sagt der Inhaber und dann: Zwei Möglichkeiten konnten wir bereits ausschließen. Pflegegeldentzug oder Lebensmittelinspektion, da wäre längst etwas passiert. Nein, es bleiben nur zwei Gründe für seinen Aufenthalt: das Hotel Post. Das Hotel Post, unterbricht ihn M1, was sollte er damit? Ein Verrückter, der das übernehmen möchte. Nein, flüstert M1, eine Unterkunft, man hört doch überall davon. Flüchtlinge?, fragt M1 und dann ist es still. Monika meint, etwas von einer Freundin gehört zu haben. Flüchtlinge oder Frauen, sagt der Inhaber nach einer Weile, das ist offensichtlich, du hast ihn doch selbst zu einer geschickt. M1 schweigt, der Inhaber spricht lauter: Ich muss los, sie warten, dass ich zurückkomme. Jedenfalls, denk gut darüber nach, einen Holzfreund – der Inhaber lacht, als sie um die Ecke biegen. Karl atmet tief durch. Hier kommt Karl. Margit, hallo, Margit, ich höre dich nicht.

Entschuldigung, sagt Karl, als die beiden vor ihm stehen, er greift an sein Ohr. Karl geht los, die Treppe hinauf, erst zügig und dann sehr schnell, er lässt M1 hinter sich, den Inhaber, er überholt eine Frau, die etwas in ihrer Handtasche sucht, geht vorbei am Veranstaltungssaal, wo die Tür bereits geschlossen wurde, durchquert den Vorraum mit den Parten und Katzenbildern, verlässt das Gasthaus Rust. Er dreht sich nicht um, als er jemanden aus dem Augenwinkel erkennt. Er läuft, bis er keine Luft mehr bekommt, dann wechselt er wieder in ein schnelles Gehen.

Ein Kilometer

Und Karl hebt die Hand, als ein Auto zur Seite fährt, um ihn vorbeizulassen, weil die Straße wie immer zugeparkt ist, nichts hat sich geändert, alles bleibt gleich. Das kann ein Vorteil sein, würde er an guten Tagen sagen, so kommt es zu keinen Geschwindigkeitsübertretungen, auch Katzen und Kinder sind geschützt. Er hebt die Hand und der Fahrer des entgegenkommenden Autos nicht, was Karl ärgert, er möchte hupen, aber er hat Angst vor der Aufmerksamkeit, die er dadurch erregt, es ist Sonntagvormittag und er sieht sie sitzen, in ihren Wohnzimmern, in ihren Küchen, mittendrin im Wochenende. Die Kastanie an der Ecke hat alle Blätter verloren und zeigt ihre Äste her. Hat sich doch etwas geändert, aber auch das ist jedes Jahr vorhersehbar. Margit, werde ich sagen, hallo, ich bin zurück.

Karl blinkt, obwohl kein Auto in der Nähe ist, er blinkt und fährt rechts ran. Er stellt den Motor ab und lässt den Schlüssel stecken, damit das Radio weiter läuft, er lässt das Lenkrad nicht los und schaut geradeaus. Sie waren oft im Auto sitzen geblieben, er und Margit, Margit links und Karl rechts, sie blieben angeschnallt und saßen, solange es ging. Es ist die Ruhe, bevor etwas beginnt, sagte Margit einmal und legte ihre Hand zu Karl hinüber, als aus dem Nichts ein alter Mann auftauchte. Er schwankte, ging auf das Auto zu, legte beide Hände auf die Motorhaube, verharrte so eine Weile, bis er lächelte und an Karls Seite in Schlangenlinien vorüberging. Karl drückte die Türpinne, Margit sagte nichts, sie lehnte den Kopf gegen die Scheibe und schaltete den Scheibenwischer ein. Die Ruhe, bevor wir unsere Höhle verlassen, sagte Margit und Karl nickte.

Der Tag ist grau, in der Wohnung brennt Licht, aber das bedeutet nichts, manchmal vergisst es Margit, meistens vergisst sie es. Karl setzt sich aufrecht hin, er löst den Sicherheitsgurt. Schade um Annemarie, ich mochte sie. Die Wirtin wird den Umschlag mit dem Geld gefunden haben, ich habe ein angemessenes Trinkgeld gegeben, nein, Margit, dieses Mal habe ich nicht gespart.

Karl sieht hinüber auf den Beifahrersitz, die Fragebögen liegen im Fußraum, er hat sie mit einer Schnur zusammengebunden. Du hättest ruhig noch bleiben können. Karl schüttelt den Kopf, er nimmt die Hände vom Lenkrad und hält sie vor das Gesicht. Ich werde noch drei Minuten sitzen bleiben. Hundertachtzig, hundertneunundsiebzig, hundertachtundsiebzig. Zobl kommt in ihrem moosgrünen Auto aus der Garage gefahren. Ich hebe die Hand, aber sie sieht mich nicht. Ein tarnfarbenes Auto besitzen nur wenige, sagte sie, als sie zum ersten Mal damit in den Jupiterweg kam, so findet man es schnell. Aber die Signalfarben, sagte ich, mit so einer Farbe wird man im Straßenverkehr leicht übersehen. Ich fahre mit Licht, sagte sie und ascht in das Blumenbeet, Lichtfahrer sind sichtbarer.

Karl hat auf das Zählen vergessen, er setzt bei hundertfünfzig ein. Ich werde die Türklinke nach unten drücken, nein, ich sollte läuten, dass sie nicht erschrickt. Ich werde ihr in jeden Raum folgen, in den sie geht, um mir auszuweichen. Margit, warte, werde ich sagen. Erstens, ich habe dir Blüten gebracht, und zweitens, ich werde ihren Kopf halten und meinen dagegendrücken, das hat mir Hirsch gezeigt. Achtundneunzig. Ich werde uns im Kreis drehen, so lange, bis uns schwindelig ist. Ich werde fragen: Ist es besser, wird es schlechter oder bleibt es gleich? Karl, wird sie sagen, oder, du hast recht, es ist viel besser jetzt. Dreiundfünfzig, die Scheiben beschlagen schon. Karl sieht hinunter zu den Fragebögen. Er zieht die Notizen aus seiner Jackentasche, er liest: *Du bist nicht ich. Und jetzt. Sprich nicht von einem Zurück. Hier kommt Karl.* Er liest: *Ich fürchte nur die Gespenster.*

Ich fürchte nur die Gespenster

Karl Hellmann ist weg, Karl Hellmann ist draußen. Seine Schritte sind laut, eine Frau grüßt auf dem Parkplatz, sie holt etwas aus dem Auto, sonst ist kein Mensch zu sehen. Karl zieht die Schultern hoch, es ist kalt, er wartet an der Straße, dass der Lastkraftwagen vorübergefahren ist. Hoffentlich hat er Ketten mit, denkt Karl, als er das Nummernschild gelesen hat, oben am Pass, ein paar Meter höher, könnte es schneien. *Aufatmen bei der Tourismusbranche, es wird kälter, die Schneekanonen können angeworfen werden*, die Wirtin drehte das Radio lauter. Hören Sie, es wird bald Schnee kommen, sagte sie, während sie im Auto saßen und darauf warteten, in die Bundesstraße abbiegen zu können. Jetzt, sagte Karl, und die Wirtin beschleunigte, um gleich darauf wieder abzubremsen, hier, wo Karl steht und immer noch heftig atmet. Aus dem Radio war eine Männerstimme zu hören: *Die Wetterlage stellt sich grundlegend um. Über dem Atlantik baut sich ein Hoch auf, damit dreht die Strömung erstmals seit vielen Wochen und bringt in den Bergen deutlich kältere Luft. Seit Oktober war es hier durchgehend zu warm, und das um vier bis fünf Grad. Am Sonntag wird es auf zweitausend Meter meist nur noch minus neun bis minus fünf Grad haben, außerdem ziehen in den nächsten Tagen ein paar Fronten durch, das heißt: Einerseits kann man ausreichend Kunstschnee produzieren, andererseits kommt auch ein bisschen Naturschnee dazu. Bis Mittwoch werden es auf vielen Bergen fünf bis zwanzig Zentimeter sein, nicht viel, aber für einen winterlichen Eindruck reicht es.*

Der winterliche Eindruck ist das Wichtigste, sagte die Wirtin, sie nickte zufrieden und stellte den Motor ab.

Es wird in Ordnung sein, denkt Karl, als er die Straße überquert, er zieht die Kapuze über den Kopf. Herr Hellmann, hört er die Wirtin sagen, was machen Sie hier, haben Sie etwas vergessen? Nicht hier, anderswo. Karl summt, um die Stimme aus dem Kopf zu vertreiben, aber es gelingt ihm nicht. Herr Hellmann, warum laufen Sie so? Ich laufe nicht, ich gehe nur, ich würde gern, aber ich kann nicht schneller, mir fehlt die Luft dazu. *Ich fürchte nur die Gespenster, die ich täglich sehe.* Wer sagte das? Karl schüttelt den Kopf, die Kapuze raschelt dabei. Einmal noch hinein, denkt er, hoffentlich ist Hirsch nicht wach, einmal noch Annemarie streicheln, einmal noch, dann bin ich weg.

Jupiterweg sieben

Hier, wo an Sonntagen die Zeitungsständer angebracht werden. Wo Zobl schon vor Stunden die Zeitung geholt und sie nach dem Lesen wieder zurückgebracht hat, sie holt sie so früh, dass sie in diesem Zeitraum niemand anders kaufen würde. Wir sind ein kleines Land mit kleinen Zeitungen, sagt sie, wenn sie die Zeitung zurück in die Tasche steckt, dafür bezahle ich nicht.

Ist der Gartenzaun kleiner geworden?, denkt Karl, als er näher kommt, er bleibt stehen. Die Hortensien tragen ihre verwelkten Blüten den ganzen Winter lang. Ist das Schnee? Schau, wie weiß es wird, siehst du, wie ruhig er fällt, ich bin direkt unter ihm. Industrieschnee, hört er Margit sagen, du weißt doch, wie das ist, den hat die Fabrik gebracht. Schnee ist Schnee, auch wenn er durch Wasserdampfemissionen entsteht. Wir werden am Küchenfenster warten, ihm zusehen, wie er alles versteckt, die braunen Stellen zuallererst. Vielleicht sind das Schlimmste diese Gerüchte, sagte die Wirtin, diese Gerüchte, die sich halten und überdecken, was darunter liegt. Am Küchenfenster werden wir warten und ich werde sagen: Wir müssen uns gut vorbereiten. Karl, hör auf damit.

Hör, wie ruhig es hier draußen in der Kälte ist, schau, der Schnee fällt und er hört nicht auf zu fallen. Karl schließt die Haustür auf, er streift die Schuhe ab, es riecht wie immer. Die Nachbarn haben einen Mistelzweig über der Tür angebracht, er wird bis in den Frühling hängen. Karl kippt das Fenster im Gang, weil er den Geruch nicht mag, wenn er die Wohnung das nächste Mal verlässt, wird es wieder geschlossen sein. Karl schaut auf den Boden, schwarzweiß gesprenkelt, er stoppt vor der Wohnungstür und kniet nieder. Am Küchenfenster werden wir warten und du wirst nicken, du wirst nichts sagen, nein, das wirst du nicht. Nur weil es beim ersten Versuch, nein, ich habe nicht aufgegeben, ich bin gekommen, um dich abzuholen, allein gelingt es nicht. Margit, hörst du mich? Wir dürfen nicht aufhören, Fragen zu stellen und wir müssen viele sein.

Oben wird eine Tür geöffnet und Karl schlüpft aus dem linken Schuh. Guten Morgen, sagt Seitz, wie immer, als ob nichts gewesen wäre. Herr Hellmann, wie geht es Ihnen? Karl schlüpft aus dem rechten Schuh und richtet sich auf: Gut, hervorragend, und Ihnen? Es könnte schlimmer sein, antwortet Seitz und lächelt, die Mundwinkel heben sich, aber sie kommen nicht nach oben, die Haustür fällt laut ins Schloss. Margit müsste uns gehört haben, Margit müsste gedacht haben: Ist das Karl, der da spricht? Aber es rührt sich nichts. Seitz, der manchmal auch eine andere Antwort hat: Ich wohne hier, ich schaue nur. Hör. Erst war es ruhig, und jetzt kommt der Wind.

Verwendete Literatur:

Heinz Bude, *Gesellschaft der Angst,* Hamburg 2014 (»Wer eine gesellschaftliche Situation …«, S. 8);

Gerd B. Ziegler, *Tarot. Spiegel der Seele*, Königsfurt Urania 2011 (»Diese Tarotkarte stellt den …«, S. 39);

Hansi Hinterseer, »Du bist mein Leben«; Fragebogen zum Bruttonationalglück in Bhutan.

Erste Auflage Berlin 2016

Göhrener Str. 7 | 10437 Berlin
info@matthes-seitz-berlin.de

Umschlaggestaltung: Dirk Lebahn, Berlin
Gesetzt aus der Sabon Next von Hermann Zanier, Berlin
Druck und Bindung: Pustet, Regensburg
Printed in Germany

ISBN 978-3-95757-323-0

www.matthes-seitz-berlin.de